Coleção Vértice
128

AMOR E AUTOESTIMA

MICHEL ESPARZA

AMOR E AUTOESTIMA

Tradução
Silvia Massimini Felix

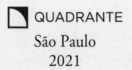

São Paulo
2021

Título original
Amor y autoestima

Copyright © Ediciones Rialp, S.A. Madrid, 2018

Capa
Larissa Carvalho

Dados Internacionais de Catalogação na Publicação (CIP)
(Câmara Brasileira do Livro, SP, Brasil)

Esparza, Michel

Amor e autoestima / Michel Esparza; tradução Silvia Massimini Felix. – São Paulo : QUADRANTE Editora, 2021.

Título original: *Amor y autoestima*
ISBN: 978-65-86964-70-7

1. Alegria 2. Amor 3. Autoestima - aspectos religiosos - cristianismo 4. Deus - Amor 5. Fé 6. Humildade 7. Otimismo I. Título

CDD 241.4

Índice para catálogo sistemático:
1. Autoestima : Cristianismo 241.4

Todos os direitos reservados a
QUADRANTE EDITORA
Rua Bernardo da Veiga, 47 - Tel.: 3873-2270
CEP 01252-020 - São Paulo - SP
www.quadrante.com.br / atendimento@quadrante.com.br

Sumário

Introdução 7

PRIMEIRA PARTE - O ORGULHO E SEUS PROBLEMAS

I. Em busca da dignidade 17
   Autoestima e humildade 17
   Um problema grave que vem de longe 23
   O orgulho é competitivo e ofuscante 25
   Uma vida inteira amadurecendo 30
   Três estágios na vida 32
   Uma vida inteira à procura de amor 37

II. Progredir no amor 43
   Confiança recíproca 43
   O amor ideal e suas qualidades 47
   Orgulho e qualidade de amor 57
   Dependência e independência 60
   As energias do coração 63
   Afeto desprendido como ocorre entre amigos 68
   O voluntarismo 75
   Aprender a se comunicar 79
   Querer, saber e poder 90

III. A atitude ideal em relação a si mesmo 95
   A humildade não consiste em desvalorizar-se 95
   A humildade é a verdade entre dois extremos 99
   O esquecimento de si mesmo e os autoenganos 103
   Humildade e personalidade 106
   Duas atitudes em relação a si mesmo e aos demais .. 110
   O orgulho coloca a saúde mental em risco 115

Segunda parte - Em busca de uma solução definitiva

I. Conversão ao amor 123
   Ir ao fundo dos problemas 123
   Uma graça que dignifica e cura 130
   A maior dignidade 134
   O amor e os amores 136
   Enfrentar a verdade acerca de si mesmo 143
   O filho pródigo da parábola 146
   Retidão de intenção na vida cristã 151
   Reciprocidade: sintonia com o amado 156

II. Diversas manifestações 165
   Saber, sentir e tocar 165
   Filiação divina 167
      Como filhos pequenos 170
      Sem temor 171
      Amor gratuito e incondicional à espera de retidão
        e reciprocidade 174
   Amizade recíproca com Cristo 176
      Verdadeiro Deus e verdadeiro homem 177
      Entrar em sintonia com os sentimentos de Cristo 180
      Da amizade com Cristo à contemplação 183
   Corredimir com Cristo 188
      A mais alta qualidade de amor 189
      Sentido cristão do sofrimento 192
      A corredenção 196
      A Santa Missa 202
      Alma sacerdotal 205

III. O amor misericordioso 209
   Diante do tribunal de misericórdia 209
   O que significa ser misericordioso? 212
   Coração misericordioso 215
   Justiça e misericórdia 220
   Miséria e grandeza 226
   Cabe o orgulho da própria fraqueza? 229
   Duas condições 237
   Vida de infância espiritual 241

Epílogo 249

Introdução

Toda intuição é uma estranha mescla de vivência e realidade. Avançamos com base num pensamento pessoal que depois contrastamos e enriquecemos com nossa própria experiência e a dos outros. O ponto de partida estaria incompleto sem a firmeza que o estudo e a reflexão proporcionam, ou antes seria diminuído sem a generosa contribuição de opiniões variadas. Foram muitas as conversas, travadas por quase vinte anos, que me ajudaram a cinzelar e refinar certa intuição e projetá-la para os outros. E ao mesmo tempo foram precisamente os outros que contribuíram de forma decisiva para fundamentar a certeza dessa intuição original.

Este livro é dedicado principalmente aos cristãos comuns que, apesar de suas limitações, se esforçam todos os dias para melhorar a qualidade de seu amor. Também pode ser útil a pessoas que não estejam familiarizadas com a vida cristã. Quem não se interessa em conhecer algo capaz de proporcionar uma paz interior estável, uma autoestima sem enganos e uma melhora notável em sua capacidade de amar? Ainda mais se, vivendo imersos num mundo estressante, em que às vezes precisamos recorrer a psicotrópicos, percebermos que é chegado o momento de buscar uma solução alternativa. Acredito que a melhor publicidade para a vida cristã consiste em mostrar a ajuda insubstituível que ela nos oferece na hora de progredir na qualidade de nossos amores. Em suma, procuro mostrar que a consciência daquele Amor que Cristo nos revelou é capaz de purificar nossos amores e satisfazer os anseios mais profundos do coração, proporcionando-nos assim, já nesta vida, a maior das felicidades.

Enquanto escrevo estas linhas, penso de maneira especial em homens e mulheres que desanimam facilmente ao ver seus fracassos, seja em sua vida cristã ou em qualquer outra esfera existencial. Observo que geralmente são pessoas de bom coração, com certa tendência ao perfeccionismo e, portanto, permanentemente insatisfeitas ou, pelo menos, nunca de todo satisfeitas. Vivem desgostosas de si mesmas porque não sabem ser indulgentes com os próprios erros. Mesmo seus sucessos não compensam a opinião negativa que têm sobre si. Elas convertem quase tudo o que fazem numa grande obrigação, e por isso têm pouco espaço para aproveitar o que fazem. Sabem como sofrer e sempre impõem condições futuras em sua felicidade. Essa inquietação interior dificulta seu relacionamento com os outros. Gostaria de mostrar a essas pessoas que, pelo menos na vida cristã, as imperfeições e os fracassos, longe de serem causa de aflição ou desânimo, podem paradoxalmente se tornar motivo de gratidão. Enfim, gostaria de dar a vocês as ferramentas para entender que nos compreendermos realmente como filhos de Deus é o que mais nos ajuda a viver em paz com nós mesmos e com os outros.

Às vezes, quando explico a essas pessoas que a vida cristã bem compreendida pode ajudá-las a aceitar as próprias imperfeições, proporcionando a melhor solução para seus problemas, elas me pedem que lhes indique um livro para aprofundar essas ideias. De início, não sei muito bem o que lhes dizer. A abundante bibliografia que conheço vai desde simples manuais de autoajuda até textos mais profundos, mas nos quais essa questão é tratada de forma colateral (a autobiografia de Santa Teresa de Lisieux é um bom exemplo). Esse é um dos motivos que me levaram, há cinco anos, a escrever e publicar estas linhas[1]. As contribuições recebidas desde então ajudaram a enriquecer minhas percepções originais com matizes valiosos.

O humano e o divino se mesclam numa vida de sucesso. Daí a importância de adquirir a maturidade humana, que nada mais é do que saúde mental e bom senso, e, paralelamente, a maturidade cristã, que se traduz numa vigorosa visão sobrenatural. Uma vez que a maturidade sobrenatural acaba sendo o melhor complemento para a maturidade humana, o livro segue o mesmo roteiro. Na primeira parte, são abordadas principalmente questões de natureza antropológica, acessíveis, portanto, a leitores pouco familiarizados com a fé cristã. Nesse sentido, ao investigarmos o desenvolvimento ideal da afetividade e da personalidade, enfatizamos a importância de cultivar uma atitude positiva para consigo mesmo, sem se afastar da verdade. A fim de designar essa atitude positiva e realista, apresentamos o termo *autoestima humilde*. Mostramos como a atitude contrária, que chamamos de «orgulho», gera toda sorte de conflitos e compromete a qualidade de

---

(1) Michel Esparza, *A autoestima do cristão*, Quadrante, São Paulo, 2008.

todos os nossos amores. A segunda parte concentra-se na espiritualidade cristã como meio de solucionar de forma estável os problemas derivados do orgulho. Consideramos aqueles aspectos do Amor de Deus que, ao evidenciar nossa dignidade, nos ajudam a consolidar uma atitude ideal para com nós mesmos.

Este livro não é um manual de autoajuda com soluções prontas para pessoas inseguras. Hei de me debruçar mais sobre os *princípios* que se aplicam a todos do que sobre *receitas* úteis apenas a poucos. As verdades imutáveis mostram o *fim* a ser alcançado; inspiram os *meios* oportunos para alcançá-lo, mas não os determinam. É preciso firmeza nos princípios e flexibilidade na arte de aplicá-los às situações concretas de cada pessoa. As portas devem ser abertas sem esquecer que cada fechadura tem chave própria. Portanto, ao sugerir soluções para problemas universais, é possível que alguns leitores se sintam retratados e outros pensem que aquilo não tem nada que ver com eles. Em todo caso, existe um fundo que, em diversos graus, será útil a todos, pois ninguém está isento dos problemas que derivam do orgulho: todos devemos aprender a aceitar a verdade sobre nós mesmos. «Há um vício», escreve Lewis, «do qual nenhum homem no mundo está livre, que todos os homens detestam quando veem nos outros, e do qual quase ninguém, exceto os cristãos, se imagina culpado. Já ouvi muitos admitirem que têm mau caráter, que não podem se abster de mulheres e bebida, ou mesmo que são covardes. Creio que jamais ouvi ninguém que não fosse cristão se acusar desse outro vício»[2].

---

(2) C. S. Lewis, *Mero cristianismo*, Quadrante, São Paulo, 1997.

Em maior ou menor grau, em cada ser humano há miséria e grandeza. Todos nós temos de aprender a reconciliar nossa imperfeição pessoal com a grandeza que é sermos filhos de Deus. A humildade cristã, se bem compreendida, combina miséria e dignidade. Segundo São Josemaria Escrivá, a humildade é «a virtude que nos ajuda a conhecer simultaneamente a nossa miséria e a nossa grandeza»[3]. À primeira vista, conciliar esses dois extremos parece um tanto contraditório. Espero que estas páginas ajudem o leitor a assimilar o aparente antagonismo: compreender e experimentar a alegria de se sentir ao mesmo tempo miserável e imensamente amado por Deus. Creio que «conhecer simultaneamente a nossa miséria e a nossa grandeza» é a chave para viver a humildade cristã.

A humildade é uma das virtudes mais difíceis e decisivas. Desenvolver e consolidar um bom relacionamento consigo mesmo não é tarefa fácil. No entanto, vale a pena tentá-lo, porque disso depende não só nossa paz interior, mas também a felicidade em todos os nossos amores. Com efeito, mostra a experiência que *a qualidade do relacionamento de alguém consigo mesmo determina a qualidade de seu relacionamento com os outros*. Isso é algo que alguns pensadores antigos já observavam. Aristóteles, por exemplo, dizia que para ser um bom amigo dos outros é preciso, primeiro, ser bom amigo de si mesmo.

Há pessoas que estranham que se fale da importância do amor-próprio, como se consistisse numa espécie de egoísmo, algo incompatível com certa ideia da virtude da humildade. No entanto, podemos ver que o *amor-próprio justo* e o *amor-próprio egoísta* são inversamente proporcio-

---

(3) Josemaria Escrivá, *Amigos de Deus*, Quadrante, São Paulo, 2018, n. 94.

nais. Como veremos, uma pessoa egoísta, no fundo, em vez de se amar demais, ama-se *pouco* ou *mal*[4]. Já a pessoa humilde tem paciência e compreensão com suas próprias limitações, o que a leva a ter a mesma atitude compreensiva para com as limitações alheias.

É estreita a relação entre *ser amado, amar a si mesmo* e *amar os outros*. Em primeiro lugar, precisamos ser amados para amar a nós mesmos. Ver que alguém nos ama nos faz conscientes de nossa dignidade. Também há relação entre nossa atitude em relação a nós mesmos e a qualidade de nosso amor pelos outros. Para viver em paz com os que nos rodeiam, devemos primeiro viver em paz com nós mesmos. Nada nos afasta tanto do próximo como nossa própria insatisfação. Sabemos por experiência própria que os maiores críticos geralmente são aqueles que desenvolveram uma atitude hostil para consigo mesmos. É lógico que uma atitude conflituosa em relação a si próprio torna difícil se entender bem com os outros. Em primeiro lugar, porque é difícil para quem está absorvido nas próprias preocupações prestar atenção às preocupações alheias; depois, porque alguém que está infeliz consigo tende a se tornar suscetível aos outros. Não é fácil tolerar os outros nos momentos em que você nem mesmo enfrenta a si mesmo.

Nada nos ajuda a nos valorizar mais do que a experiência de um amor incondicional. Caso contrário, como poderíamos nos amar sabendo que temos tantos defeitos? Os complexos, tanto de inferioridade quanto de superioridade, deterioram nossa paz interior e nosso relacionamento com os outros, e só desaparecem na medida em que amamos alguém que nos ama como somos. No entanto,

---

(4) Cf. I, 3. Assim dar-se-ão as citações que se referem a outros trechos deste livro; neste caso, I, 3 significa: primeira parte, terceiro capítulo.

seria possível receber de uma criatura um amor estável e incondicional? Deus não é o único capaz de nos amar assim? O amor humano é, sem dúvida, mais tangível, mas de uma qualidade muito inferior ao Amor divino. O exemplo do amor de uma boa mãe pode servir para ilustrar o que estou dizendo. Trata-se, com efeito, de um amor do qual emergem faíscas que nos levam a compreender melhor o Amor divino. Contudo, nenhuma mãe pode estar ao nosso lado a vida toda, nem é capaz de ser sempre benevolente com cada um de nossos defeitos. O amor dos pais ou dos bons amigos ajuda-nos a garantir os primeiros passos na vida, mas a experiência mostra que este amor, a longo prazo, é insuficiente.

Em suma, como não somos capazes de amar de maneira totalmente estável e incondicional, concluiremos que o desenvolvimento de nossa capacidade afetiva depende, em última instância e de forma decisiva, da descoberta do Amor de Deus. Para amar a nós mesmos como somos, sem nenhum tipo de engano fraudulento, precisamos descobrir as vantagens de nossa própria fraqueza diante de um Amante misericordioso.

Um conhecimento meramente teórico do Amor de Deus não basta. Tem de se tratar de algo *palpável*, vivido. Uma graça especial é necessária para isso. Certamente, nenhum progresso espiritual é possível sem a ajuda da graça divina. As grandes mudanças na vida são consequência de uma estreita colaboração entre a graça de Deus e a liberdade da pessoa interessada. Porém, com relação ao tema em questão – viver o orgulho humilde dos filhos de Deus –, é necessário haver uma mudança profunda e radical de mentalidade. Trata-se de uma transformação interior progressiva e misteriosa, no calor da graça e, às vezes, em meio a circunstâncias particularmente dolorosas da vida, que tornam a alma especialmente receptiva às moções divinas.

Como tudo nesta vida, avançar no abandono da autoestima nas mãos de Deus implica *querer, saber* e *poder*: boa vontade, formação e capacitação. A ajuda divina facilita essas três coisas: fortalece nossa vontade, ilumina nossa compreensão e cura nossa incapacidade. Mas Deus, que tanto respeita nossa liberdade, quer sempre contar com nossa colaboração, com nosso empenho em melhorar e ser humildes. Se decidi escrever esses vislumbres, é porque espero que facilitem a insubstituível ação da graça de Deus na alma de cada um dos leitores.

Dizia São Josemaria que os livros não terminam: interrompem-se[5]. Sem a ajuda inestimável de meu irmão Rafa e de meu amigo Jos Collin, teria sido muito difícil *interromper* estas páginas. Agradeço por sua crítica construtiva, a melhor manifestação de seu afeto.

Logroño, 28 de novembro de 2008

---

(5) Vittorio Messori, *Hipótesis sobre María*, Libros Libres, Madri, 2007, p. 411.

PRIMEIRA PARTE

O orgulho e seus problemas

I
Em busca da dignidade

Autoestima e humildade

Nesta primeira parte, serão apresentados os principais problemas ligados a uma relação doentia consigo mesmo. Por muitas razões, está na moda hoje falar sobre isso, o que não quer dizer que se trate de uma questão nova. Há textos muito antigos que tratam do orgulho e da caridade para consigo mesmo, os quais voltam-se para a mesma essência, embora com *palavras* diferentes e sob outro prisma. No entanto, a crescente influência do campo da psicologia deu nova dimensão à importância de nos darmos bem com nós mesmos. Por isso, foi cunhado o termo «autoestima», com o qual se pretende resumir, no sentido mais amplo, uma atitude positiva do homem para consigo. A palavra, praticamente desconhecida até muito recentemente, tomou forma há alguns anos e passou a ser de uso comum. Parece que um halo mágico e recorrente paira sobre ela. Basta entrar em qualquer livraria para que se observe a proliferação de livros de autoajuda e superação pessoal em que se insiste na decisão de encontrar, aceitar e desenvolver a própria identidade. Comum a muitos deles é a ênfase no papel que a autoestima desempenha no desenvolvimento equilibrado da personalidade.

Não duvido que aumentar a autoestima seja algo positivo em si, mas desconfio de quando se tenta potencializá-la de qualquer forma e a qualquer custo. Prova disso é a duvidosa eficácia dos métodos promovidos por muitos desses livros. Um amigo muito chegado a esse tipo de técnicas de autoajuda me mostrou certa vez, em sua casa, uma complexa – e cara – instalação estereofônica capaz de enviar mensagens subliminares, quase imperceptíveis, durante suas horas de sono. Ele dormia com fones de ouvido, escutando uma série de fitas com frases sugestivas, como: «Você é formidável, valioso, único; embora os outros não percebam, você é genial...». É óbvio que esse devaneio vibrante nunca alcançou o efeito desejado. No entanto, o problema não para por aí. Alguns dos métodos promovidos pelos livros de autoajuda são equivocados e, nessa medida, podem ser prejudiciais se transferidos para o âmbito da formação. É o caso dos educadores que, guiados por um medo excessivo do sentimento de culpa, procuram convencer os alunos de que estes não têm defeitos. Portanto, tentam incutir neles autoestima, mesmo *às custas da verdade sobre si mesmos*. É conveniente prevenir e combater os complexos de inferioridade, mas nunca em detrimento da realidade, fazendo com que essas crianças ou jovens acreditem que são melhores do que são. A verdade sempre prevalece mais cedo ou mais tarde, e o engano sempre provoca inevitavelmente uma frustração maior.

Nos Estados Unidos, há décadas, tenta-se promover a autoestima dos jovens com uma psicologia simplista que tem como máxima: «Em primeiro lugar, sinta-se sempre bem consigo mesmo, nunca se esqueça de que, faça o que fizer, você é uma pessoa fabulosa». Ocorre, porém, que o balanço pode ser tão terrível quanto o revelado num estudo de 1989 que comparou as habilidades matemáticas de estudantes de oito países. Os alunos norte-americanos tiveram os piores resultados e os coreanos, os melhores. Os pesquisadores então avaliaram a autoestima desses mesmos alunos, perguntando o que achavam de suas habilidades matemáticas. O resultado dessas respostas inverteu a realidade objetiva: os americanos se acreditavam os melhores e os coreanos, os piores[1].

Convém, portanto, falar em autoestima, mas com fórmulas que ajudem a assumir toda a verdade a respeito de si mesmo, positiva e negativamente, o que evitará tanto o complexo de superioridade como o de inferioridade. Esses dois extremos, por excesso ou por omissão, refletem de maneira diferente o mesmo orgulho prejudicial e frustrado. Pedagogicamente, é tão prejudicial promover o autoengano de não reconhecer as próprias deficiências quanto insistir nelas com pessoas que tendem a exagerar os próprios defeitos. Não se trata de «achar que tudo o que você faz é certo pelo simples fato de fazê-lo, mas de não se levar tão a sério. Somos quem somos e, no final, devemos ser nosso melhor amigo. Não fecharemos nossos olhos a tudo o que poderia ou deveria ser melhorado, mas também não nos forçaremos a essa melhora por meio da punição ou do desprezo. [...] Reconheçamos o

---

(1) Cf. Paul C. Vitz, *The Problem with Self-Esteem*, em <www.catholiceducation.org>

bem que há em nós sem alarde nem entusiasmo exorbitantes; porém, se há motivos para orgulho, então nos orgulhemos, ora!»[2].

A humildade e a autoestima estão intrinsecamente relacionadas, embora sejam conceitos diferentes. Se a humildade é uma virtude moral, a autoestima vem do âmbito da psicologia: toca um *sentimento* positivo sobre si mesmo. A humildade, entretanto, é muito mais do que um estado de espírito: implica uma profunda aceitação da verdade interior, seja boa ou má. E vai além, como veremos, ao cimentar também a *consciência* de certa dignidade.

No fundo, um de nossos problemas fundamentais está em não saber assumir, em dissimular ou rejeitar, nossas próprias carências. O ideal seria reconhecê-las e buscar pacificamente os meios para solucioná-las. Essa atitude verdadeira e realista é a essência da virtude da humildade. O vício oposto é chamado de orgulho ou arrogância.

O termo «soberba» sempre tem conotação negativa, enquanto «orgulho» nem sempre é pejorativo. Em sentido positivo, posso ter orgulho de meu país ou de minha família. O orgulho doentio, por outro lado, revela que tenho um relacionamento ruim comigo mesmo, o que me leva a desprezar os que não compartilham de minhas simpatias. Certos idiomas têm um termo que designa apenas o significado positivo de orgulho (*fierté*, em francês; *fierezza*, no italiano). Doravante, usarei o termo «orgulho» em sentido negativo. Servirá para designar de forma genérica o que se refere a um mau relacionamento consigo mesmo. O termo «soberba» inclui uma característica distintiva: a atitude de superioridade.

---

(2) Paloma Gómez Borrero, *La alegría*, Martínez Roca, Barcelona, 2000, pp. 12 e 13.

Os matizes são importantes e as generalizações, perigosas. Também no âmbito da humildade havemos de encontrar nuances semelhantes às que assinalamos a propósito da autoestima. Como veremos[3], a humildade nos ensina a cultivar um relacionamento saudável com nós mesmos, assumindo pacificamente a realidade de nossa miséria. O orgulho, por outro lado, nos afasta da verdade, impedindo-nos de reconhecer nossas limitações. Quando não reconhecemos nossas falhas, basicamente restam-nos duas alternativas. Uma consiste em simplesmente acreditar que não temos deficiências. Essa *soberba clássica* carrega um otimismo ingênuo, condenado a dar as costas para a realidade. A outra atitude, por sua vez, nos leva a exagerar nossas fraquezas. Trata-se de uma *soberba invertida*, que implica um pessimismo radical e pode alimentar uma autopiedade prejudicial para a saúde da mente. Não só são orgulhosos os que exageram suas virtudes, mas também os que exageram seus defeitos. O humilde, por outro lado, é governado pela verdade. Sabe que a falsa modéstia é tão contrária à humildade quanto o é a soberba clássica. Evite dar a si mesmo ares de superioridade ou inferioridade. Entenda que não deve se levar tão a sério, mas não se subestime.

Todas essas nuances têm consequências pedagógicas importantes. Quando se trata de se prevenir contra a soberba clássica, o educador não deve fazer apologia da soberba invertida. Se você ignorar esses vislumbres, corre o risco de incutir em seus alunos uma imagem negativa de si mesmos, cometendo assim o erro oposto ao que vimos quando nos referimos à educação para a autoestima. Por um lado, a autoestima nos sugere uma imagem po-

---

(3) Cf. I, 3.

sitiva de nós mesmos, mas pode nos afastar da verdade. Por outro, a humildade nos aproxima da verdade, mas pode instilar em nós uma autoimagem doentia. Portanto, sob um olhar superficial, autoestima e humildade, se mal focados, podem parecer termos excludentes. Para os que adotam um conceito errado de humildade, a autoestima inevitavelmente sugere uma atitude orgulhosa. E aqueles que têm um conceito errado de autoestima pensarão que a humildade é prejudicial à saúde mental. No entanto, se nos aprofundarmos um pouco mais, logo perceberemos que a verdadeira humildade é o melhor antídoto para o complexo de inferioridade e que a autoestima não leva necessariamente ao encobrimento de algum tipo de egoísmo. Ainda me lembro da perplexidade que vi no rosto de um de meus amigos quando lhe disse, às claras, que ele tinha problemas com a humildade porque não amava a si mesmo. Ele me pediu uma explicação, pois era óbvio que não entendia os dois termos juntos. Tive de esclarecer-lhe que a humildade consiste basicamente em esquecer-se de si e que ele não parava de voltar a si mesmo justamente porque suas imperfeições o faziam sentir-se depreciável.

Em última análise, *a autoestima e a humildade corrigem-se mutuamente*. A humildade recorda que a autoestima deve estar ligada à verdade, enquanto a autoestima se contrapõe à visão negativa que se pode ter da humildade quando não compreendida corretamente. Uma vez que a humildade precisa de um complemento de dignidade, para referir-me à virtude contrária ao orgulho recorrerei a esta expressão ao longo destas páginas: *autoestima humilde*. A atitude ideal para consigo mesmo, embora implique o humilde reconhecimento da verdade a respeito da própria imperfeição, está ligada a um profundo senso da própria dignidade.

Um problema grave que vem de longe

Calcular as reais consequências do orgulho em todas as suas variantes é a chave para desvendar muitas das preocupações que temos e que, a partir de nosso mundo interior, afetam negativamente nosso relacionamento com os outros. Lewis acerta quando aponta que o orgulho é «a maior causa de infortúnio em todos os países e em todas as famílias desde o início do mundo. Outros vícios às vezes podem aproximar as pessoas: é possível encontrar camaradagem e bom humor entre os bêbados ou entre as pessoas que não são castas. Mas o orgulho sempre significa inimizade: ele é a inimizade»[4]. As consequências desse defeito são óbvias e, por vezes, graves. Numa história sobre os horríveis massacres entre tribos africanas, certa criança perguntou: «E por que é que se odeiam tanto?», ao que um ancião respondeu: «Talvez se odeiem porque, sendo iguais, insistem em querer ser diferentes»[5].

Qual é a origem de tanta miséria? De onde procede o orgulho? Para responder a isso é preciso recuar muito, tanto na história da humanidade como na das existências concretas. Todos nascemos com esse problema. O egoísmo se aninha no coração do homem. Sabemo-lo por experiência própria. Mesmo as crianças, muito antes de chegarem ao uso da razão, revelam isso. Elas são invejosas, tendem a chamar a atenção, querem ser o centro do universo. Daí a síndrome paradoxal do «príncipe destronado» que surge no irmão mais velho após a feliz chegada de outro membro da família.

---

(4) *Op. cit.*
(5) Alberto Vázquez-Figueroa, *África llora*, Plaza & Janés, Barcelona, 1994, pp. 204 e 205.

Um pediatra experiente disse-me que mesmo crianças com apenas alguns meses de idade podem se comportar de modo histérico. Ele me relatou o caso de um menino de seis meses com episódios de apneia. Quando o menino detectou a preocupação que despertava em sua mãe, recorreu frequentemente a esse truque. O garoto encontrou nessa simulação a melhor reivindicação de que sua mãe prestasse mais atenção nele. «Vou curá-lo», disse o pediatra à mãe. «Basta deixá-lo por uma semana na clínica». De fato, depois de alguns dias, a criança estava completamente curada. Quando a mãe perguntou ao médico que tratamento ele havia usado, ele disse que bastava ignorar a criança toda vez que ela parecia incapaz de respirar.

O mal do orgulho e suas consequências estão dentro de nós desde o princípio. Como isso se explica? Fomos malformados ou aconteceu algo que prejudicou nossa natureza? Resolver esse mistério está além da capacidade de nossa inteligência. Segundo a doutrina católica, essa questão está relacionada a um grave pecado de soberba *nos primórdios da humanidade*. João Paulo II, com efeito, afirmou que o pecado original «é a verdadeira chave para interpretar a realidade»[6].

---

(6) João Paulo II, *Cruzando el umbral de la esperanza* [Cruzando o limiar da esperança], Plaza & Janés, Barcelona, 1994, p. 221. Relembremos brevemente a doutrina sobre o pecado original. Viemos a este mundo com uma «natureza caída», com pouca sorte. Deus nos criou para sermos felizes amando como Ele ama. No entanto, nossa natureza se deteriorou em razão do fardo deixado pelo primeiro pecado da história e continua a se deteriorar por causa de nossos pecados pessoais. O livro do Gênesis diz-nos que o homem foi criado à imagem e semelhança de Deus (cf. Gn 1, 26-27), mas que, graças ao pecado da soberba, foi separado dEle. Em vez de se permitir ser magnificado por seu Criador, preferiu tornar-se independente e buscar a própria excelência. Como criatura, o homem é necessariamente um ser limitado, mas é «a única criatura que Deus amou por si mesma» (Concílio Vaticano II, *Gaudium et spes*, n. 24) e foi dotado de

O orgulho é competitivo e ofuscante

Convém detectar os mecanismos que o orgulho emprega para nos aprisionar em suas garras. Cada um de nós nasce com um pequeno e insaciável tirano em seu interior, regido pelo orgulho; e, mesmo que ele alcance todos os seus objetivos, nunca se sente plenamente satisfeito. Ele nunca consegue preencher o vazio que o domina: para isso, necessitaria de um apreço absoluto que este mundo não pode dar.

Além de insaciável, o orgulho é essencialmente competitivo. Se é ele o que nos motiva, basta que alguém nos iguale em méritos para que nos sintamos inquietos, insossos. «O orgulho», Lewis observa, «não deriva do prazer de possuir algo, mas apenas de possuir algo além do que o próximo tem. Dizemos que as pessoas têm orgulho de ser ricas, inteligentes ou bonitas, mas não é assim. Cada um tem orgulho de ser mais rico, mais inteligente ou mais bonito que os demais. Se todo mundo ficasse igualmente rico, inteligente ou bonito, não haveria nada de que se orgulhar. É a comparação que nos torna orgulhosos: o prazer de estar acima dos outros. Uma vez que o elemento de competição acabou, o orgulho desaparece. [...] Quase

---

uma alma imortal capaz de acolher os dons divinos. Infelizmente, nossos primeiros pais rejeitaram a proposta divina. Desde aquela lágrima original, o homem anda feito um louco em busca da dignidade perdida. O que deu origem ao primeiro pecado da história, o orgulho lúcido, instalou-se em nossa natureza, e todos os pecados subsequentes apenas agravaram a situação. Dir-se-ia que as feridas do pecado acabam ancoradas em genes, hábitos e neurônios... Como explica a teologia, somente com a razão não teríamos descoberto a existência do pecado original, embora, uma vez revelado, pareça-nos lógico (cf. Tomás de Aquino, *Summa contra gentiles*, lib. IV, cap. LII; e John Henry Newman, *Apologia pro vita sua*, Brand, Bussum, 1948, pp. 312-314.)

todos os males do mundo que as pessoas atribuem à cobiça ou ao egoísmo são, em muito maior medida, resultado do orgulho»[7].

Por ser competitivo e insaciável, o orgulho provoca inveja e insatisfação. Se não for corrigido a tempo, gera todo tipo de tensões. Vemo-lo com frequência na sociedade atual, onde «não se trata de ser competente, mas de ser competitivo. Não basta ser rico: tenho de ser mais rico que meu cunhado. O importante não é escrever um bom livro, mas que venda mais do que o anterior. Tenho prestígio, sim, porém não o suficiente»[8]. Conheci alguém que sempre se sentia insatisfeito na vida profissional. Já havia concluído seis faculdades. Quando conseguia um bom emprego, abandonava-o para aspirar a outro que lhe parecia melhor.

As pessoas que se concentram avidamente no trabalho e só, negligenciando todos os seus amores, são lamentáveis. Vale lembrar que o presente de seu sucesso profissional é apenas o passado do futuro, que trará, mais cedo ou mais tarde, sua aposentadoria e um triste inventário humano fora do ambiente de trabalho. Mesmo que elas tenham construído todo um império econômico e estejam rodeadas de admiradores, chegará o momento em que sentirão – ou em que os outros lhes farão sentir – que estão acabadas. No início, talvez, se justifiquem dizendo que queriam ganhar dinheiro para constituir uma família, mas mais cedo ou mais tarde ficará claro que o que mais as motivara fora o orgulho. «A cobiça», observa Lewis, «certamente fará com que o homem queira dinheiro para

---

(7) *Op. cit.*
(8) Alejandro Llano, *La vida lograda*, Ariel, Barcelona, 2002, p. 86.

ter uma casa melhor, férias melhores, coisas melhores para comer e beber. Mas só até certo ponto. O que faz um homem que ganha dez mil libras por ano desejar ganhar vinte mil libras? Não é a ambição de ter maior prazer. Dez mil libras, de fato, lhe proporcionarão todos os luxos de que um homem pode desfrutar. É o orgulho... O desejo de ser mais rico do que qualquer outro rico, e (ainda mais) o desejo de poder. Afinal, poder é aquilo de que o orgulho realmente gosta»[9].

Além de competitivo, o orgulho cega: coloca óculos que distorcem a realidade. E, se faltar autocrítica, qualquer progresso se torna tortuoso. É como um vírus que penetra na parte mais recôndita da alma, sendo impossível combatê-lo porque a pessoa em questão não sabe que está infectada. Ou como o mecanismo do câncer. As células cancerosas, apesar de estranhas ao corpo, não são reconhecidas como tal pelo sistema imunológico. Assim também o orgulho tende a se apresentar de forma mais distorcida do que os outros vícios, camuflando-se sob diversas aparências. Seu *modus operandi* consiste em esconder-se para ocultar seu rosto repulsivo. Pode então contaminar até os ideais mais nobres: ele se imiscui e se disfarça de ânsia por defender a verdade, de sabedoria, de coerência, da luta apaixonada por justiça... À medida que a pessoa vai se conhecendo, descobre novos âmbitos infectados.

O orgulho introduz um elemento de falsidade tanto na percepção de si quanto na percepção dos outros. Porque é ofuscante e competitivo, leva a ver o próximo como rival em potencial que coloca em risco sua excelência. Dessa

---

(9) *Op. cit.*

forma, o desejo de se sentir superior é projetado. Já que o ladrão pensa que todos são ladrões, os outros se tornam adversários ou, o que é pior, dominadores tirânicos que ameaçam subjugar sua independência.

Esse mecanismo de autoprojeção é especialmente perigoso no relacionamento com Deus e ajuda-nos a compreender «o fato obscuro, mas real, do pecado original»[10]. O homem orgulhoso julga-se superior e finge desempenhar o papel de rei, mesmo que apenas no reino de sua própria miséria. Ele se torna competitivo e desconfiado até mesmo de seu Criador. Assim, cai numa espécie de megalomania, acreditando-se capaz de se igualar a Deus. Portanto, embora com menos lucidez, sucumbe ante a mesma tentação que, segundo o livro do Gênesis, precedeu o primeiro pecado da história. Nossos antepassados remotos, explica Lewis, sucumbiram à «ideia de que poderiam "ser como deuses", de que poderiam se desenvolver por conta própria como se tivessem criado a si mesmos, ser seus próprios mestres, inventar uma espécie de felicidade além de Deus, afastada de Deus. E dessa tentativa desesperada veio quase tudo o que chamamos de história humana – dinheiro, pobreza, ambição, guerra, prostituição, impérios, escravidão –, a longa e terrível história do homem tentando encontrar outra coisa além de Deus que o faça feliz»[11].

A projeção sobre Deus da própria soberba indica uma dramática inversão da realidade. O amor é a única razão da criação, mas o homem desconfia. Deus quer ser, antes de tudo, um pai amoroso, mas a criatura o converte numa

---

(10) João Paulo II, *op. cit.*, p. 221.
(11) C. S. Lewis, *op. cit.*

espécie de déspota preocupado em custodiar sua supremacia. Segundo João Paulo II, na origem do ateísmo está a reação do homem que foge da falsa imagem de Deus que forjou, essa imagem que torna a atitude «pai-filho» sempre desejada por Deus numa relação «senhor-escravo»: «O Senhor mostra-se, então, zeloso de seu poder sobre o mundo e sobre os homens; consequentemente, o homem se sente induzido a lutar contra Deus. Analogamente a qualquer época da história, o homem escravizado é forçado a tomar posições contra o mestre que o escraviza»[12].

A rebelião contra Deus acaba por prejudicar o homem: ao perder sua maior fonte de dignidade, é lógico que deixe de ser respeitado como pessoa.

«O homem começa desvalorizando Deus», observa Pilar Urbano, «e termina reduzido a um dígito estatístico [...]. Menosprezar a Deus é, inevitavelmente, tornar o homem anão. [...] Ao dobrar a esquina onde Deus é ignorado, você se encontra no subúrbio cego em que é ignorado o homem»[13]. A história recente corrobora dolorosamente que a negação teórica ou prática de Deus traz consigo o desprezo pela dignidade humana. Não me refiro apenas aos genocídios do século XX, mas também aos ataques atuais contra a vida humana incipiente. Como advertiu João Paulo II em 2000, a humanidade «alcançou uma capacidade extraordinária de intervir nas próprias fontes da vida; pode utilizá-las para o bem, dentro do marco da lei moral, ou ceder ao orgulho míope de uma ciência que não aceita limites, chegando até a pisotear o respeito que se deve a cada ser humano. Hoje, como nunca no passado, a

---

(12) João Paulo II, *ibidem*.
(13) Pilar Urbano, *La madre del ajusticiado*, Belacqva, Barcelona, 2005, p. 38.

humanidade encontra-se numa encruzilhada»[14]. O relativismo ético atual jaz camuflado em supostas tentativas de ajudar os outros. Mas, como no alvorecer da humanidade, por trás desse «orgulho míope» há o vislumbre de uma rebelião contra o único Senhor da vida e da morte.

Uma vida inteira amadurecendo

Cultivar uma autoestima humilde é tarefa para a vida inteira. Embora não diga respeito a todos nós do mesmo modo, ninguém está isento dessa tarefa de amadurecimento. No entanto, uma tal aspiração esbarra em muitos fatores que dependem da genética, da educação ou do uso que fazemos de nossa liberdade. Todos nascemos com deficiências que podem ser agravadas por razões vitais adversas e erros pessoais. É necessário, portanto, fazer uma breve incursão no campo da pedagogia, uma vez que as circunstâncias desfavoráveis mais prejudiciais situam-se no período em que vemo-nos mais vulneráveis: a infância e a adolescência.

Quando a criança dá os primeiros passos, começa a perceber a própria miséria, mas não consegue racionalizá-la: não tem consciência da dignidade inalienável que lhe corresponde como pessoa. Tende a chamar a atenção numa espiral que só seus pais podem mitigar, ensinando-lhe que ela vale tudo aos olhos de Deus. Se os pais não acertarem nesse sentido, é bem possível que sejam testemunhas silenciosas de muitas das inseguranças e dramas

---

(14) João Paulo II, Homilia de 8 de outubro de 2000. Sobre o impacto desse apelo urgente de João Paulo II, cf. Julian Herranz, *En las afueras de Jericó*, Rialp, Madri, 2007, pp. 373-375.

que surgirão com o tempo. Os adultos muitas vezes não estão cientes das feridas que podem causar aos filhos. Às vezes, essa marca profunda emerge ao longo dos anos. Ajuda a compreender, por exemplo, o confronto sempre desconcertante entre irmãos por herança. A explicação costuma ser encontrada numa longa e antiga história de orgulho ferido.

Acertar na educação é sempre um desafio difícil e perturbador. É frequente que os pais, longe de uma tarefa intuitiva que tem tanto de ciência quanto de arte, transmitam inconscientemente os próprios defeitos aos filhos. A boa pedagogia compatibiliza tanto o recurso a um comportamento correto quanto o reconhecimento e o amor às próprias limitações. Deve-se mostrar aos filhos que são amados incondicionalmente, e não pelo que têm, sabem ou conseguem fazer – que são amados como são! A chantagem afetiva é ao mesmo tempo comum e perigosa. É um erro educar a criança fazendo-a acreditar que o amor que receberá depende de como se ajusta ao gosto dos adultos, em vez de ensiná-la a fazer o bem livremente e por amor.

Educar alguém no desejo da perfeição pode alimentar um *eu falso e irreal* quando, junto a esse objetivo, não lhe é apresentada a importância de aceitar-se a si mesmo. Nesse caso, as tensões aparecem. Se o sujeito em questão não se aceita como é, buscará satisfazer as impossíveis exigências que lhe são impostas por seu eu falso e idealizado. Ele tentará imitar um personagem ideal que ele não é, enquanto reprime seu verdadeiro e legítimo modo de ser.

Se algo tão importante não for comunicado dentro do ambiente familiar, será muito mais difícil percebê-lo fora de casa. O salto para o estágio escolar revela isso. O que uma criança encontra nesse novo cenário muitas vezes é o que mais se aproxima da lei da selva: pode mais não aquele que tem mais qualidades, mas o que grita mais alto ou é o mais intrépido. A partir daí, segundo seus respectivos modos de ser, alguns acentuarão sua arrogância e se autoafirmarão humilhando os colegas, ao passo que outros serão vítimas de uma timidez crescente – a qual funciona como mecanismo de autodefesa –, buscando a autoestima por meio dos sucessos escolares. Os introvertidos se isolam e têm poucos amigos; os arrogantes, por outro lado, levam vantagem e, para não perder o *prestígio*, são obrigados a se comportar de forma cada vez mais excêntrica. Em ambos os casos, o gatilho é o mesmo: a falta de aceitação, embora as consequências levem alguns ao exagero e outros ao retraimento.

Três estágios na vida

O itinerário para tomar consciência do próprio valor é traçado por aquelas pessoas que estimamos de maneira única. Trata-se dos *interlocutores relevantes*[15] que, ao nos julgarem, exercem influência decisiva na imagem que fazemos de nós mesmos. É relativamente fácil localizar esse fenômeno, com suas respectivas variantes lógicas, nas três etapas da vida: na infância, na adolescência e na idade adulta.

Na infância, os interlocutores relevantes geralmente são os pais (especialmente o pai, no caso do filho, e a mãe, quando da filha). Ao chegar a criança ao uso da razão, ela percebe suas próprias carências e olha para seus pais a fim de ver o que ela vale. Um pouco mais tarde, com a

---

(15) A expressão provém de G. H. Mead (cf. Herwig. Arts, *Fen Kluizenaar in New York*, Nederlandsche Boekhandel, Amberes, 1986, p. 23).

puberdade, inicia-se um período difícil, mas necessário: o da busca por uma identidade independente da opinião paterna e materna. Em ambos os casos, entre os seis e os doze anos, a receptividade aos pais e educadores é plena. Essa é a melhor época para semear.

A adolescência é a segunda fase e dura, geralmente, dos treze aos vinte anos. O tom que a distingue do período anterior é a perda progressiva da receptividade da criança, o que se reflete na formação de seus próprios juízos à margem da opinião dos pais e educadores. A tarefa de orientação dos pais se complica. É hora de ajudar os filhos a construir um projeto de vida próprio, respeitando sua liberdade, acompanhando-os de perto, mas promovendo uma legítima independência. Aos poucos, a relação de autoridade deveria dar lugar a uma relação de amizade e confiança. No outro extremo, é muito provável que uma atitude excessivamente protetora e possessiva por parte dos pais impedirá o amadurecimento dos filhos.

Na adolescência, os interlocutores relevantes passam a ser os amigos e a pessoa por quem o jovem se apaixona. O adolescente percebe que tem de saber por si só o que vale, mas geralmente não o consegue e, para se valorizar, continua dependendo do julgamento de quem mais admira. Se aprender a vencer os respeitos humanos, defender suas próprias opiniões e souber cercar-se de bons amigos — ou seja, de pessoas que o valorizam pelo que ele é, e não pelo que pode dar a elas –, tudo ficará bem. Caso siga o caminho contrário, não se atreverá a se mostrar como é e ficará ao lado de *colegas* inescrupulosos. As consequências de seu mimetismo adolescente podem ser terríveis. Caso se desloque em ambientes carentes de valores, para não se sentir deslocado irá imitar qualquer comportamento que esteja na moda. Promiscuidade sexual, crime e drogas fazem parte da longa lista de possibilidades.

As *garotas fáceis* que se rebaixam entregando seus encantos ao primeiro licitante são especialmente tristes. E a razão subjacente não é tanto o apelo sexual, mas sobretudo a vaidade. Para gostar de si mesmas, precisam ter certeza de que encantam os meninos e exibir depois seus triunfos às *amigas emancipadas*. Lewis questionava «se a virgindade não foi perdida mais vezes, em tempos de promiscuidade, por obedecer à atração da camarilha política do que por se submeter a Vênus. Quando a promiscuidade está na moda, os castos ficam deslocados»[16].

Entre a idade de vinte e 25 anos, em plena juventude, já se espera que o sujeito tenha adotado uma atitude pessoal estável na vida. Na adolescência, os filhos, para se autoafirmar, tendem a adotar posturas contrárias às dos pais. A decolagem definitiva acontece quando aprendem a dialogar, quando adquirem convicções íntimas, mas permanecem abertos ao efeito enriquecedor da escuta de outras opiniões. Eles têm confiança em si mesmos, mas não de forma fechada, pois também são capazes de duvidar de si de maneira saudável. Agem seguindo livremente seu próprio projeto de vida, mas são sensatos e se deixam aconselhar. Eles são, em suma, maduros o suficiente para perceber que a vida é um aprendizado que nunca termina.

A terceira e última consciência da própria dignidade deve vir na idade adulta, mas muitas pessoas supostamente adultas são regidas pelos mesmos mecanismos de autoafir-

---

(16) C. S. Lewis, *El diablo propone un brindis*, Rialp, Madri, 5ª ed., 2006, pp. 56-57.

mação que observamos na infância e na adolescência. Se fossem pessoas maduras mesmo, em vez de permitir que os outros julgassem seu valor, saberiam por si mesmas o quanto valem. No entanto, continuam a representar uma espécie de comédia ao longo da vida, com o agravante de que seu *desejo de se fazer valer* costuma ser mais problemático do que nas crianças.

Muitos ditos adultos continuam dependendo da opinião de outras pessoas. Para ficar bem com todos, são capazes de sacrificar qualquer coisa. Todavia, não vale a pena reger-se por esses *respeitos humanos*, porque as pessoas costumam nos julgar de acordo com critérios superficiais: se somos simpáticos, se temos um carro grande, etc. Somente as pessoas que de fato nos amam prestarão mais atenção no que *somos* do que no que *temos*, *sabemos* ou *podemos*.

Os escrúpulos comprometem seriamente a autenticidade de nossos relacionamentos. Num romance simples, encontro esta aguda observação: «Assim que alguns de nós nos juntamos, não ousamos ser quem somos realmente, porque tememos ser diferentes de como pensamos que nossos semelhantes são, e nossos semelhantes temem ser diferentes de como pensam que somos. Como consequência, todos fingem ser menos piedosos, menos virtuosos e menos honestos do que na realidade. [...] É o que eu chamo de nova hipocrisia [...]. Antes, as pessoas fingiam ser melhores do que eram, mas agora todos pretendem parecer piores. Antes, um homem dizia que ia à Missa aos domingos mesmo que não fosse, mas agora diz que vai jogar golfe e ficaria muito chateado se os amigos descobrissem que ele realmente vai à igreja. Noutras palavras: a hipocrisia, que costumava ser o que um escritor francês chamava de *homenagem que o vício presta à virtude*, agora é *o tributo que a virtude presta ao vício*»[17].

Alguns são inseguros e vão mendigando apreciação; geralmente, trata-se de pessoas que tendem a se ver pelos olhos dos outros. Outros parecem ter vencido os respeitos humanos; são pessoas independentes que não ligam para *o que vão dizer*, mas agem na base da autossuficiência: não ligam para o que os outros pensam simplesmente porque os *ignoram*. É possível que, no fundo, isso seja também um mecanismo de defesa. Às vezes, quem se vangloria de ser independente, mesmo que não o reconheça, fecha-se em si mesmo precisamente por medo da rejeição. Num romance de Susanna Tamaro, o protagonista, que sempre se orgulhou de ser um espírito independente, reconhece no final da vida que, no fundo, foi o medo de não ser apreciado o que guiara seus passos. Na carta de despedida à filha, escreve: «Posso lhe dizer que foi o medo o que determinou a minha vida, que o que chamava de audácia era, na verdade, pânico. Medo de que as coisas não fossem como decidi, medo de superar um limite que não era da mente, mas do coração, medo de amar e não ser correspondido. Ao fim, na realidade, este é o principal medo do homem, e é por isso que ele cai na mediocridade. O amor é como uma ponte suspensa sobre o vazio... Complicamos coisas simples por medo, a fim de perseguir os fantasmas de nossa mente; transformamos um caminho reto num labirinto do qual não sabemos sair. É assaz difícil aceitar o rigor da simplicidade, a humildade da entrega»[18].

---

(17) Bruce Marshall, *El mundo, la canje y el Padre Smith*, Círculo de Lectores, Barcelona, 1962, pp. 111-112.
(18) Susanna Tamaro, *Escucha mi voz*, Seix Barral, Barcelona, 2007, p. 203.

O que podemos fazer para evitar a escravidão dos escrúpulos humanos? Sabe-se que os chineses muitas vezes ficam um tanto constrangidos quando cometem um erro em público. Eles chamam isso de «perder a face». Confúcio dizia que o homem precisa de seu rosto como a árvore necessita de sua casca. Esse medo de *perder a face* desaparece diante de quem realmente nos ama. Daí a importância de conhecer aquele diante de quem é impossível perder a presteza. Tendemos a nos refletir nos outros como se num espelho, e não há espelho mais lisonjeiro do que os olhos do enamorado. Portanto, devemos aprender a nos ver com os olhos de Deus. Só quem toma Deus como seu *interlocutor mais relevante* passa a vida sem nenhum tipo de complexo. Os filhos dependem da estima que recebem dos pais. Os adolescentes dependem do apreço de seus amigos e da pessoa por quem se apaixonaram. Todavia, a pessoa de fato madura torna-se saudavelmente independente de todos porque se vê como seu Deus Pai a vê.

Uma vida inteira à procura de amor

O amor que recebemos desempenha papel decisivo no caminho para a maturidade. O orgulho está enraizado na necessidade de estima que todos procuramos. Por outro lado, o que mais apazigua a fome de estima é o amor. Nada nos dignifica tanto quanto nos sentirmos – ou nos sabermos – amados. Se sentimos o amor de alguém, pensamos: «Isso significa que há algo em mim que o atrai, algo digno de ser amado». Além do amor, outros aspectos também influem, como o sucesso no trabalho ou nos vários *hobbies*, mas essas fontes de autoestima não são tão saudáveis e eficazes quanto o amor que damos e recebemos. Se tarefas a princípio tão nobres como o trabalho e as habilidades esportivas não forem orientadas para o amor, acabarão a serviço do orgulho, e continuaremos insatisfeitos a despeito dos triunfos que colhermos na vida. A *glória* profissional e social é gratificante, mas passageira. Em tempos de sucesso, percebemos menos o vazio interior, mas, cedo ou tarde, aquela profunda sede de amor que carregamos dentro de nós ressurge. Se formos honestos, acontecerá conosco como Henri Nouwen, que, ao descrever seu estado interior antes de sua conversão, reconhece: «Eu ainda era escravo de meu coração, faminto de amor em busca de falsos caminhos para alcançar minha própria autoestima»[19].

Os problemas derivados do orgulho também não acabam quando decidimos buscar a felicidade unicamente no amor, deixando para trás, graças a uma maturidade tecida de retrocessos e avanços, o falso eclipse dos efêmeros sucessos profissionais e sociais. É necessário algo mais. Como veremos adiante, apenas o Amor de Deus é capaz de preencher plenamente nossos anseios mais profundos[20]. Para resolver os problemas do orgulho de maneira estável, é preciso descobrir que a única fonte segura de autoestima está no Amor incondicional de Deus. O amor que recebemos da família e dos amigos não nos reconcilia definitivamente com nós mesmos. Esse amor humano, além de condicional, muitas vezes naufraga entre a decepção e a busca de soluções substitutivas. Vejamos as diferentes fases da vida.

---

(19) Henri Nouwen, *El regreso del hijo pródigo. Meditaciones ante un cuadro de Rembrandt* [A volta do filho pródigo: reflexões diante de um quadro de Rembrandt], PPC, Madri, 1997, p. 54.
(20) Cf. II, 1.

A infância é fascinante sob esse ponto de vista. A criança sente inconscientemente a coisa mais próxima do amor incondicional. O amor de uma mãe, em particular, é o que há de mais próximo do amor incondicional divino. No entanto, esse *estado de graça* que é visto em idade tão precoce não dura para sempre. É a lei da vida. «Com a morte da minha mãe», diz Lewis, «toda felicidade estável, tudo o que era calmo e seguro, desapareceu da minha vida. Eu iria me divertir muito, teria muitos prazeres, muitas explosões de alegria; mas nunca mais teria aquela velha segurança novamente. Haveria apenas mar e ilhas; o grande continente afundara, como Atlântida»[21].

Na adolescência, tomamos consciência de que o amor dos pais não é tão incondicional quanto parecia; compreendemos pela primeira vez que o caminho para a independência é saudável; e descobrimos por conta própria o que valemos. Como primeira solução, se não tentarmos preencher o vazio por meio do sucesso acadêmico, esperamos encontrar na *amizade* o amor incondicional que tivemos quando crianças. No longo prazo, porém, o problema não é resolvido de forma estável, pois até mesmo nossos melhores amigos têm suas limitações.

Carmen Martín Gaite conta, em um de seus romances, o reencontro, após trinta anos, de duas amigas da adolescência. Uma delas escreve posteriormente em carta: «Crescemos. Crescer é começar a se separar dos outros, é claro, reconhecer essa distância e aceitá-la. O entusiasmo daqueles encontros juvenis com pessoas que despertaram nosso interesse baseava-se no fato de termos dado como certa uma permeabilidade contínua entre a nossa vida e a

---

(21) C. S. Lewis, *Cautivado por la alegría. Historia de mi conversión*, Encuentro, Madri, 1989, p. 29.

deles, entre os nossos problemas e os deles, a junção parecia possível. É verdade que ainda há momentos em que surge essa ilusão de permeabilidade, mas são momentos extraordinários e fugazes, aos quais não se pode pedir continuidade, vigência permanente. Quando menina – e com você aconteceu o mesmo –, eu tinha certeza de que as pessoas que me amavam jamais me ignorariam, que minha vida era indispensável para a delas. Mas, no fundo, o que eu queria é que elas nunca parassem de precisar de mim. Aí você vê que não, e também que é melhor que ninguém precise muito de você»[22].

O *amor entre homem e mulher* tem grande capacidade de saciar nossa fome de estima. Por isso, quando do primeiro amor, costumam desaparecer muitos problemas de insegurança. Ocorre muitas vezes que, durante a adolescência, aqueles costumavam ter delírios de autoestima vejam-se repentinamente curados quando se apaixonam e são correspondidos. Isso é lógico, pois a paixão provoca uma espécie de encantamento que faz a pessoa pensar que vive um amor incondicional, divino, sem cálculos mesquinhos de conveniência. O enamorado vive fora de si, como alienado, pensando constantemente no objeto de seu amor. No fundo, o que atrai os amantes é um pálido lampejo do divino. Platão já dizia que esse tipo de amor é reflexo da divindade. O que a noiva e o noivo escrevem um ao outro poderia ser colocado na boca do próprio Deus – com a diferença de que, no caso de Deus, o amor não o cega. Por outro lado, a miragem da paixão faz com que mal vejamos os defeitos alheios; ela leva-nos a pensar que não há ninguém melhor. Não é de estranhar que os

---

(22) Carmen Martín Gaite, *Nubosidad variable*, Anagrama, Barcelona, 1992, p. 57.

apaixonados manifestem o quanto se adoram, coisa que, em sentido estrito, corresponde apenas a Deus. Como Bécquer bem expressa em um de seus poemas:

> Com o selvagem que, com torpe mão,
> faz de uma tora, a seu capricho, um deus,
> E então se ajoelha à sua obra,
> isso fizemos você e eu[23].

Apenas o Amor de Deus pode satisfazer plenamente a necessidade de estima, mas isso não significa que o amor ao próximo também não ajude a cimentá-la. Afinal, todo amor humano é reflexo do Amor divino, e esse reflexo se intensifica à medida que a qualidade desse amor humano aumenta. A relação entre a qualidade do amor e a autoestima humilde segue em duas direções. Por um lado, o amor que recebemos, sobretudo se de qualidade, melhora nossa autoestima; por outro, como veremos ao longo do próximo capítulo, a atitude de humilde autoestima é essencial para melhorar a qualidade do amor oferecido.

O amor humano, em suma, é um bom ponto de partida, embora deva ser completado pelo Amor divino, único capaz de fundamentar com estabilidade a qualidade de nossa autoestima e de nossos amores. A essa mesma conclusão chegou um psiquiatra que, após sofrer um acidente de trânsito, sentiu o carinho de sua família e amigos. «Você finalmente aprendeu», diz de si para si, "[...] que, se não tem a experiência de ser amado, amar a si mesmo torna-se muito difícil. Contudo, essa experiência não é suficiente. Esse afeto horizontal entre pais e filhos, marido e

---

(23) Gustavo Adolfo Bécquer, *Rimas y leyendas*, Elección Editorial, Madri, 1983, rima n. L, p. 37.

mulher, não basta. É necessária também a experiência vertical, a da pessoa com Deus. Entre outras coisas, porque o amor humano por si só é insuficiente. O amor humano só se torna claro, só adquire seu significado e sentido pleno, no amor divino»[24].

---

(24) Aquilino Polaino-Lorente, *Una vida robada a la muerte*, Planeta, Barcelona, 1997, p. 203.

II
Progredir no amor

Confiança recíproca

Convém insistir na importância de cultivar a autoestima humilde não só porque esta é uma das melhores formas de combater os problemas derivados do orgulho, mas também porque trata-se de um requisito essencial para melhorar a qualidade de nossos amores. Até agora, abordei os muitos problemas que derivam do orgulho. Neste capítulo, com um enfoque mais positivo, concentrar-me-ei na relação entre a autoestima humilde e a qualidade do amor.

Essa questão é decisiva, pois nada nos proporciona tanta felicidade quanto o amor de alta qualidade. Daí a importância singular de progredir dessa maneira. Com certeza, o bem-estar material contribui um pouco para nossa felicidade, porém o grau mais alto de felicidade vem do dar e receber amor. A essa conclusão chegou um especialista da Universidade de Roterdã que inventariou mais de seis mil artigos sobre a questão. O estudo destacava que as pessoas com menor renda apresentavam um nível de satisfação mais alto[1]. Por outro lado, quanto mais perfeito é o amor, mais felicidade ele proporciona. No amor de qualidade, «o essencial não é desfrutar, mas partilhar»[2], e quem compartilha aproveita mais. O egoísta busca possuir e está sempre insatisfeito. Por outro lado, quem não busca o próprio proveito, mas o bem da pessoa amada, experimenta uma satisfação inesperada cada vez que o consegue. E, se essa qualidade amorosa é recíproca, então dá-se uma espiral surpreendente que leva a níveis insuspeitados de felicidade.

Antes de estudar as qualidades do amor ideal, é importante lembrar que o primeiro requisito para iniciar um relacionamento amoroso é a *confiança*. Amar significa «pôr tudo nas mãos de alguém querido, em quem confiamos totalmente»[3]. O amor se baseia na confiança mútua e culmina, pela entrega recíproca, na união entre os amantes. Se um deles dá, o outro recebe. Portanto, a união amorosa só é possível se ambos forem capazes de dar e receber. Sem esse dom recíproco, tudo estaria pela metade, e não seria possível chegar à união íntima em que dois corações batem em uníssono e duas almas se fundem numa só.

No fundo, a confiança já é uma forma de doação. A palavra «entrega» tem um significado ao mesmo tempo ativo e passivo: significa doação e rendição. Entregar-se é amar e se permitir ser amado, doar-se com generosidade e se entregar com confiança. A confiança e a doação se reforçam

---

(1) Cf. E. Javaloy, *La eterna búsqueda de la felicidad*, no suplemento de *La vanguardia* de 6 de janeiro de 1996.
(2) Gustave Thibon, *La crisis moderna del amor*, Fontanella, 4ª ed., Barcelona, 1976, p. 70.
(3) Alejandro Llano, *La vida lograda*, p. 112.

mutuamente. Abrir a própria intimidade dá ao outro certo poder: envolve um risco que só a confiança em seu amor pode superar. Num bom relacionamento de amor, não há segredos. Por outro lado, quando as confidências desaparecem, o relacionamento se paralisa. Fé e fidelidade (*fides* e *fidelitas*, em latim) andam de mãos dadas. Ter fé em alguém significa confiar que ele será fiel a nós. E, como observa Thibon, «o homem que não é capaz de fé não é capaz de fidelidade»[4].

De onde vem a desconfiança? Alguns não confiam simplesmente porque foram criados assim, mas também há quem não confie nos outros porque projetam neles sua própria insegurança. Em alguns, esse problema de autoestima está ligado a velhas decepções. O orgulho ferido pode distorcer tanto a realidade que mesmo detalhes objetivamente amáveis tornam-se suspeitos. Se essas pessoas não curam suas feridas cultivando uma autoestima humilde, tornam-se autossuficientes: têm dificuldade em aceitar que precisam do amor dos demais. Eles podem se sentir humilhados pelo simples fato de alguém se oferecer para ajudá-los.

No amor, geralmente nos movemos entre dois extremos: entrega e reserva. O orgulho e o medo impedem de dar ou receber por completo. Como afirma o protagonista de um romance de Sándor Márai: «É preciso muita coragem para se permitir ser amado sem reservas. Um valor que é quase heroísmo. A maioria das pessoas não consegue dar ou receber amor porque é covarde e orgulhosa, porque tem medo do fracasso. Tem vergonha de se entregar a outra pessoa, e ainda mais de se render a ela porque teme

---

(4) Gustave Thibon, *La crisis moderna del amor*, p. 35.

que descubra seu segredo... o triste segredo de todo ser humano: o de que ele precisa de muita ternura, de que não pode viver sem amar»[5]. Existem aqueles que se curam em termos de saúde e preferem permanecer imunes às perturbações do amor, mas pagam caro por isso, porque acabam numa solidão tremenda. E, como dizia o filósofo francês Gabriel Marcel, «nada está perdido para um homem que vive um grande amor ou uma verdadeira amizade; mas tudo está perdido para quem se encontra sozinho»[6].

Deixar-se amar não é sinal de fraqueza. Reconhecer a própria pobreza requer uma boa dose de humildade e força. É curiosa essa nossa relutância em admitir que precisamos ser amados. Crescemos, mas no fundo continuamos como crianças. Somos fracos por dentro, embora por fora escondamos isso, por medo da rejeição. Sem a autoestima humilde não há veracidade nem para consigo mesmo nem para com os outros. Poucas pessoas ousam «manifestar a verdade de forma total, sem atenuar nem retocar nada, sem qualquer tipo de arranjo mais ou menos fraudulento»[7]. O ideal seria que não houvesse diferença entre como realmente somos, como achamos que somos e como nos manifestamos diante dos outros. Aqueles que escondem as próprias fraquezas tendem a ficar na defensiva quando suas fraquezas vêm à tona. E, como veremos[8], não é fácil arrancar essa casca de ferro se a pessoa se habituou a repre-

---

(5) Sándor Márai, *La mujer justa*, Salamandra, Barcelona, 2005, p. 146.

(6) Gabriel Marcel, *Lettre à Roger Troisfontaines* (a propósito de sua obra teatral *Le coeur des autres*), Grasset, Paris, 1921.

(7) Julien Green, *Libertad querida*, Plaza & Janés, Barcelona, 1990, p. 103.

(8) Cf. II, 1.

sentar certo papel de comédia, tanto para si mesma como para os outros. «Às vezes penso», diz a protagonista de um romance de Carmen Martín Gaite, «que se mente por incapacidade de gritar para que os outros o aceitem como você é. Quando você resiste a confessar o desamparo de sua vida, já está se disfarçando de outra coisa, pega o jeito da invenção e, a partir daí, é pura perda, você não para de tropeçar de máscara, se afastando do caminho que poderia levá-lo a saber quem você é [...]»[9]. A máscara da mentira só desaparece diante de quem nos ama de verdade. Só então nos comportamos espontaneamente. Sem dúvida, se conhecêssemos em profundidade o Amor de Deus desde a infância e vivêssemos continuamente em sua presença, não encenaríamos tantas comédias ao longo de nossas vidas.

O amor ideal e suas qualidades

Sem uma autoestima humilde, não só a capacidade de receber amor fica comprometida, mas também a *retidão de intenção* e a *liberdade interior* no momento de dá-lo. Podemos não estar familiarizados com esses conceitos. Eis por que convém analisar em que consiste o amor ideal. Estas considerações situam-se antes de mais nada no contexto de uma relação amorosa entre um homem e uma mulher, embora também possam ser aplicadas a outras relações amorosas: com Deus, com a família e com os amigos.

O início de uma relação amorosa entre homem e mulher – os preparativos para essa viagem – é muito atraente (há quem se vicie neles), mas não garante o sucesso da jor-

---

(9) Carmen Martín Gaite, *Lo raro es vivir*, Anagrama, Barcelona, 1996, p. 149.

nada. Sabe-se que se apaixonar é um sentimento que não dura. É um bom ponto de partida, mas que deve ser superado por um amor mais maduro. «Se o amor for entendido como mero sentimento, mais cedo ou mais tarde se concluirá que não se ama»[10]. À medida que o amor progride, o interior se torna mais importante do que o exterior. Ridicularizando o amor puramente sentimental, Albert Cohen escreve: «Se o pobre Romeu tivesse repentinamente quebrado o nariz por acidente, Julieta teria fugido horrorizada ao vê-lo. Trinta gramas a menos de carne, e a alma de Julieta para de experimentar emoções nobres. Trinta gramas a menos, e o sublime balbucio ao luar acabou»[11].

Os filmes dos últimos anos nos acostumaram a pensar que a atração físico-romântica é o auge do amor. Todavia, eles se esquecem de lembrar (não seria *dramaticamente correto*) que, quando isso acontece, infelizmente o amor se desvanece com a mesma facilidade com que nos deslumbrou. Lembro-me de uma película recente, entre muitas outras, rodada nesse formato. Há um momento em que o protagonista se vê obrigado a explicar aos seus filhos os motivos do divórcio, alegando que os seus sentimentos haviam mudado. Não esperava, porém, receber a resposta, expressa com medo e curiosidade, dos mais novos: «E você também poderia se *desapaixonar* de seus filhos?». Isso reflete de forma realista a decepção frequente que surge quando se confunde *amor* com *paixão de amor*. «Infelizmente», escreve Cronin, «a ideia da atração sexual como base fundamental do casamento, impregnada de um romantismo

---

(10) Antonio Malo, *Antropologia dell'affettività*, Armarido, Roma, 1999, p. 293.
(11) Albert Cohen, *El libro de mi madre*, Anagrama, Barcelona, 1992, p. 73.

doce e meloso, com a falsa promessa de uma lua de mel eterna, tornou-se parte integrante do sonho moderno»[12]. Para que o amor seja estável e duradouro, é preciso passar do *amor como atração* ao *amor como entrega*, pois nada une tanto duas pessoas quanto a vontade recíproca de querer o bem do outro. No amor maduro, as razões egocêntricas desaparecem e as possibilidades de trazer felicidade são enfatizadas. «É possível que tudo tenha começado com um *motivo*», diz Josef Pieper. «Mas, quando o amor se acendeu, motivos não são mais necessários»[13]. Já não se ama tanto pelo quão atraente é a pessoa que você ama, mas *pelo que ela é* em si. Já não se ama tanto sua «mera roupa física» quanto o núcleo de sua pessoa, «incomparável e insubstituível»[14]. Esse amor sólido e maduro é imperecível. Quem o experimenta compreende a célebre e repetida exclamação de Gabriel Marcel: «Amar um ser é dizer-lhe: não morrerás»[15]. Para além dos limites da morte, a pessoa amada continua a viver no amante.

Embora a paixão não seja o mais importante, não se trata de excluí-la, porque dela também o amor se alimenta. No entanto, à medida que os amantes progridem no amor, seu relacionamento se converte numa «unidade profunda, mantida pela vontade e deliberadamente reforçada pelo hábito»[16]. Trata-se de assumir a paixão e,

---

(12) A. J. Cronin, *Aventuras en dos mundos*, Palabra, Madri, 1997, p. 269.

(13) Josef Pieper, *El amor*, Rialp, Madri, 1972, pp. 102-103.

(14) Em Rafael de los Ríos, *Cuando el mundo gira enamorado. Semblanza de Viktor Frankl*, Rialp, Madri, 2009, p. 61.

(15) Cf. Charles Moeller, *Literatura del siglo XX y cristianismo*, vol. IV, Gredos, Madri, 1964, pp. 179-341. Ver também José Luis Cañas, *Gabriel Marcel: filósofo, dramaturgo y compositor*. Palabra, Madri, 1998.

(16) C. S. Lewis, *Mero cristianismo*.

ao mesmo tempo, colocá-la a serviço da entrega. O amor pode ser comparado a um avião com dois motores: um motor principal (a vontade) e outro auxiliar (a paixão). O motor auxiliar pode ser desligado mesmo que não desejemos, por doença ou fadiga; contudo, o motor principal não se apaga sem nosso consentimento. Se falta o motor da vontade, observa Thibon, «a mais leve prova física ou moral é suficiente para mergulhar em sua solidão essencial os amantes unidos apenas pela carne ou pelo sono»[17].

É possível distinguir três tipos de amor humano: o *gostar* (que diz respeito ao físico, ao corpo), o *querer* (algo mais emocional, afetivo, típico do coração) e o *amar* (dirigido definitivamente à esfera mais espiritual do homem, à alma). O ideal é que os amantes gostem um do outro, se amem e sejam bons amigos. Por outro lado, também podem ser encontrados três tipos de egoísmo: o físico (acumulação sexual), o afetivo (desejo possessivo) e o espiritual (orgulho). Essas três esferas correspondem, ainda, a três tipos de felicidade e infelicidade, representados, por exemplo, pela boa comida ou dor de dente, pela alegria ou pelo desencontro afetivo, pela paz interior ou pelo arrependimento. Quanto mais profunda a felicidade ou infelicidade, menos ela é vista desde fora. Uma dor de dente é difícil de disfarçar, mas a solidão que toma conta da alma muitas vezes passa despercebida. Quem busca uma felicidade puramente sensorial, se bem-sucedido, não é infeliz, mas perde a melhor felicidade, a que está ligada ao amor. Em francês, «infeliz» se diz *malheureux*, que significa literalmente «mal feliz».

---

(17) Gustave Thibon, *La crisis moderna del amor*, p. 64.

O amante ideal coloca essas três esferas a serviço da felicidade da pessoa amada. A atração física e a paixão são, de fato, de grande ajuda como prelúdio para a entrega, que virá com o tempo, do mais íntimo da alma. É por isso que exigem uma purificação que os coloque em seu devido lugar. De acordo com as disposições da alma, o egoísmo sexual e afetivo é combatido ou aumentado. O bom relacionamento consigo mesmo, dotado do sempre gratificante equilíbrio da autoestima humilde, ajuda a purificar as intenções sexuais e afetivas, enquanto o mau relacionamento consigo, viciado pelo orgulho, perverte a paixão. Ao longo deste capítulo, a relação entre orgulho e egoísmo afetivo ficará mais clara.

Vejamos agora as quatro propriedades que determinam a qualidade do amor. O amor ideal é *altruísta, desinteressado, respeitoso* e *livre*. A maioria das pessoas não está acostumada a avaliar seu relacionamento amoroso. Esses quatro parâmetros – entrega operativa, retidão de intenção, desprendimento e liberdade interior –, tão difíceis de avaliar com um olhar superficial, vão além da pergunta mais comum: «Como está evoluindo esse namoro ou casamento?»; e da resposta mais fácil e frequente: «Nós nos damos bem, nos amamos muito».

As duas primeiras qualidades mencionadas estão vinculadas à verdade do amor e as duas últimas, à liberdade no amor. Na verdade, o amor de alta qualidade é regido igualmente pela verdade e pela liberdade. A verdade do amor relaciona-se às obras e intenções: amamos verdadeiramente se nos movemos segundo intenções corretas e se as obras dão testemunho de nosso amor; e amamos em liberdade se evitamos a rigidez interior e se não coagimos a pessoa amada. Portanto, para determinar a qualidade de um relacionamento amoroso, os amantes teriam de responder a estas quatro perguntas: o quanto estão dispostos a sacrificar para fazer o outro feliz? Respeitam a liberdade do outro, ou são governados por imposições? O que realmente os motiva quando se trata de render-se? Dão-se livremente, ou se sentem internamente coagidos? A perfeição do amor, por conseguinte, consiste em duas qualidades visíveis (a capacidade de sacrifício e o respeito pela liberdade dos outros) e de duas qualidades invisíveis (a retidão de intenção e a liberdade interior). Pode-se, portanto, falar do *corpo* e da *alma* do amor. Detenhamo-nos primeiro nas qualidades que constituem o *corpo*.

A *capacidade de sacrifício*, o que fazemos concretamente para contribuir para o bem da pessoa amada, revela a verdade de nosso amor: «Obras é que são amores, e não as boas razões», diz o ditado. Ao nos perguntar se alguém realmente nos ama, mais do que julgar suas intenções devemos nos ater aos fatos. O que ele faz para nos mostrar seu amor? Sacrifica-se por nós independentemente de quanto queira ou de quanto esforço isso lhe custe? Quem nos ama de verdade estará disposto a fazer qualquer sacrifício para contribuir para nossa felicidade. Em princípio, devemos confiar no amor dos outros, mas só estaremos seguros na medida em que o demonstrem com fatos, pois «a certeza do carinho, é o sacrifício que a dá»[18]. Somente em tempos de adversidade podemos saber quem são nossos verdadeiros amigos.

O sacrifício, portanto, revela a *verdade* e a *intensidade* do amor. O tipo de sacrifício que alguém faz por nós nos dará informações sobre o *quanto* essa pessoa nos ama.

---

(18) Josemaria Escrivá, *Via sacra*, Quadrante, São Paulo, 2021, 5ª estação, n. 1.

«Quanto você me ama?», costumam perguntar os amantes. Não é fácil responder a essa pergunta. Em vez disso, deve-se perguntar: em tempos de dificuldade, o que você estaria disposto a fazer por mim? Só assim o amor pode ser quantificado de maneira tangível. Eu amo tanto quanto eu me sacrifico. Todos nós temos um preço.

A segunda qualidade visível do amor ideal, o *respeito* pela *liberdade da pessoa amada*, pede que evitemos as imposições. A falta de respeito abrange um espectro amplo: vai desde o acúmulo espiritual, típico de uma mente autoritária nas formas, gostos ou opiniões, ao acúmulo sexual, típico de quem transforma a pessoa querida em mero objeto de prazer, passando ainda pelo acúmulo afetivo, típico de quem precisa receber, como se estivesse doente, inúmeras expressões de afeto.

O acúmulo afetivo, que chamamos de «desejo de posse», é característico de gente possessiva e ciumenta. «Ele me ama muito, tanto que às vezes me aflige», diz uma das personagens de Carmen Martín Gaite[19]. Nessas condições, tudo é possível: imposições, crença em direitos exclusivos, coerção, chantagem afetiva, censuras aparentemente bem-intencionadas... Vale tudo para impor a própria vontade.

Nos antípodas do desejo possessivo está o «desapego». Mais à frente, ao estudar a afetividade, investigaremos a relação entre orgulho e sentimento de posse, entre autoestima humilde e desprendimento afetivo.

Longe dessa paisagem sombria, no casal ideal – costuma-se dizer – ninguém comanda: ambos obedecem. É o contraponto que brinda o respeito à liberdade, meta tão difícil quanto necessária em qualquer relação em que o

---

(19) Carmen Martín Gaite, *Lo raro es vivir*, p. 89.

amor esteja envolvido. Eis o cenário que Delibes delineia num de seus romances inspirado na relação com sua falecida esposa: «A nossa relação era uma empresa a dois, um produzia e o outro administrava. Normal, certo? Ela nunca se sentiu desencorajada por isso. Pelo contrário, tinha grande capacidade de chegar ao topo sem derrubada prévia. A aparência de autoridade diminuía, mas ela sabia como exercê-la. É possível que vez ou outra eu falasse mais alto, mas, no final das contas, era ela que em cada caso resolvia o que fazer ou não fazer. Em cada casal existe um elemento ativo e um passivo; um que executa e outro que se submete. Eu, embora parecesse o contrário, seguia seu bom senso, aceitava sua autoridade»[20].

Vejamos agora a primeira das qualidades invisíveis do amor ideal: a *retidão de intenção*. Um mesmo ato pode ser motivado por intenções diferentes. Estas são retas quando o proveito próprio não é colocado antes do bem da pessoa amada. *Amar* é o oposto de *utilizar*[21]. O utilitarista tira proveito da pessoa que ama na medida em que dá com o único propósito de receber. Convém, no entanto, esboçar alguns matizes a fim de evitar possíveis dores de cabeça a esse respeito. «Não se trata», afirma Carlos Cardona, «de perseguir desaforada e escrupulosamente a ausência de qualquer *interesse*. Trata-se de ter tudo devidamente hierarquizado»[22]. Os seres humanos não são capazes de um amor totalmente altruísta, entre outras coisas porque precisamos amar para

---

(20) Miguel Delibes, *Señora de rojo sobre fondo gris*, Destino, Barcelona, 1991, pp. 41-42.
(21) Cf. Karol Wojtyła, *Amor y responsabilidad* [Amor e responsabilidade], Plaza & Janés, Barcelona, 1996. O livro é de 1960.
(22) Carlos Cardona, *Metafísica del bien y del mal*, EUNSA, Pamplona, 1987, p. 129.

poder nos aperfeiçoar. Só Deus, a quem nada falta, é capaz de um amor gratuito assim. O que se pode pedir de nós são *intenções sinceras*, isto é, que conscientemente não escondamos motivos egoístas, que conscientemente não troquemos gato por lebre.

A retidão de intenção não indica apenas uma *vontade* atual de não buscar o benefício próprio, mas também uma *capacidade* que adquirimos aos poucos, à medida que progredimos na virtude. Além desses claros motivos egoístas que nos levam a usar os outros, existem também os motivos egocêntricos, que são mais profundos e, portanto, menos conscientes, mas também obscurecem a retidão de nossas ações. Pense, por exemplo, na vaidade e no amor-próprio. Não é fácil controlar esses defeitos subjacentes com a vontade. Para garantir, também nesse nível, a retidão da intenção, é necessária toda uma purificação interior; ela fará que o grau de desinteresse por trás de nossas ações aumente na mesma medida de nosso aprimoramento.

A segunda qualidade invisível do amor é a *liberdade interior*. A liberdade, mais do que uma *área*, é *capacidade* de autodeterminação. Não sou livre só porque ninguém me obriga, mas sobretudo porque sou capaz de *fazer as coisas porque tenho vontade*. Noutras palavras, a liberdade diz respeito tanto à ausência de restrição externa quanto à ausência de alguma restrição interna. Alguns, por falta de generosidade, são incapazes de dizer sim, enquanto outros, por falta de personalidade forte, não conseguem dizer não. Às vezes reclamam que os outros não respeitam sua liberdade quando, no fundo, o problema é que eles mesmos não sabem como ser livres.

A pessoa madura não se deixa dominar, mas é capaz, por amor, de dar a própria liberdade com senhorio. Ela sempre sabe *ser ela mesma*: sente-se livre por dentro, independentemente das pressões externas, de outras pessoas ou circunstâncias. *Não é que faça o que lhe der na telha, mas faz o bem porque tem vontade*. A liberdade é a capacidade de autodeterminação – no melhor dos casos, para o bem, e ainda mais quando parte do amor, e não da obrigação. É por isso que a pessoa verdadeiramente livre internaliza a virtude e não é guiada por um senso obsessivo de dever. Por amor, identifica sua vontade com a vontade da pessoa amada. O amor é, de fato, um dos campos que melhor nos fazem perceber a liberdade interior. Somos capazes de nos entregar livremente aos outros na medida em que somos donos de nós mesmos. Amar é pertencer livremente à outra pessoa. O amante egoísta busca *possuir* a pessoa amada, enquanto o amante ideal deseja acima de tudo *pertencer a ela*. Amar consiste em «não se pertencer, estar submetido venturosa e livremente, com a alma e o coração, a uma vontade alheia... e ao mesmo tempo própria»[23]. Mas, para que essa vontade alheia seja ao mesmo tempo própria, antes de pertencer a outro o amante deve primeiro se autopossuir. Se, por falta de liberdade interior, ele não é soberano e senhor de si mesmo, entrega-se servilmente, e isso, no longo prazo, não satisfaz nem a ele, nem à pessoa amada. Somente as pessoas verdadeiramente maduras são capazes de contrair vínculos amorosos com plena liberdade interior.

A liberdade interior parte da maturidade, mas a principal fonte que a alimenta é o amor, na medida em que implica uma sintonia com os desejos da pessoa amada. As pessoas que se amam identificam suas vontades num

---

(23) Josemaria Escrivá, *Sulco*, Quadrante, São Paulo, 2016, n. 797.

horizonte compartilhado. Essa *liberdade do amor*[24] ajuda a compreender aquele «ama e faz o que quiseres» de Santo Agostinho. Quem deseja ardentemente o bem da pessoa amada, de boa vontade, não poupa esforços para fazê-la feliz.

Em conclusão, o amor é a entrega recíproca, livre e desinteressada do que há de mais íntimo entre um *eu* e um *você*. Aqui está uma das melhores definições sobre o amor: «Amar significa dar e receber aquilo que não se pode comprar nem vender, mas apenas livre e reciprocamente oferecer»[25].

Orgulho e qualidade de amor

As qualidades invisíveis do amor ideal – liberdade interior e retidão de intenção – são mais difíceis de alcançar do que as qualidades visíveis. É mais fácil melhorar o *corpo*, o visível, do que a *alma*, o invisível, do amor. A retidão de intenção e a liberdade interior são objeto de uma árdua conquista espiritual[26]. Para isso, a determinação da vontade não basta; uma dose considerável de autoestima humilde também se faz necessária. Quem vive mal consigo mesmo, se tiver muita força de vontade, talvez possa

---

(24) Cf. *Idem*, *Via sacra*, 10ª estação.
(25) João Paulo II, *Carta às famílias*, 2 de fevereiro de 1994, n. 11.
(26) A experiência nos ensina que o amor de alta qualidade não é apenas o resultado de uma difícil conquista espiritual. Como já indiquei, e como veremos melhor na segunda parte deste livro (cf. II, 1), a maturidade plena é também um dom recebido (uma graça). Na verdade, só os santos são capazes de se dar de maneira totalmente gratuita e desinteressada. Ocorre que, para alcançar um relacionamento ótimo com nós mesmos, precisamos sentir amor incondicional. A maturidade sobrenatural é, portanto, o melhor complemento à maturidade humana.

se sacrificar e respeitar a liberdade dos outros, mas terá grandes dificuldades quando se trata de não se procurar e se entregar *porque tem vontade*. Visto de fora, pode parecer que tudo vai bem, porém mais cedo ou mais tarde surgirão dificuldades que têm suas raízes no orgulho.

A autoestima humilde é um pré-requisito para evoluir no amor. Sem ela, todas as qualidades do amor ideal são comprometidas ou se ressentem. Comecemos com as qualidades visíveis. Quando analisarmos o fenômeno do voluntarismo[27], veremos como o orgulho pode perverter a generosidade na entrega. Do mesmo modo, o respeito pela liberdade dos outros também sofre devido à falta da autoestima humilde. Ao estudar a afetividade, notaremos que a origem do desejo possessivo muitas vezes encontra-se em certo medo de não estar à altura, dado que o valor de si mesmo está em questão[28]. Se essa sede de apreço for descontrolada, a afetividade se deteriora em suscetibilidade e abuso, pois quem não está satisfeito consigo mesmo muitas vezes sente grande necessidade de monopolizar os outros.

O orgulho também compromete as qualidades invisíveis do amor ideal. Quanto à liberdade interior, já vimos que não se alimenta apenas do amor, mas também da maturidade de quem se sente bem na própria pele. Por fim, o orgulho atrapalha igualmente a retidão de intenção. As pessoas que duvidam muito de si precisam tanto da apreciação dos outros que tendem a se comportar bem com o único propósito de recebê-la. Por outro lado, os que são muito autoconfiantes também podem se comportar

---

(27) Cf. I, 2.
(28) Cf. I, 2.

com intenções menos corretas. É o que acontece se nos deixamos levar por aquele «propósito pouco claro de ajudar os outros para provarmos a nós mesmos que somos superiores»[29]. Os autossuficientes sabem dar, mas não receber. No fundo, sua generosidade tem algo de vaidade. Embora se mostrem serviçais, veem-se segundo uma perspectiva lisonjeira. Parece que ajudam os outros para poder se sentir bem, como se precisassem fazer favores para demonstrar que são bons. Esse *egoísmo de dar* faz pensar no que Chateaubriand dizia ironicamente sobre seu amigo Joubert: «Ele é um perfeito egoísta, porque só cuida dos outros...»[30]. No fundo, trata-se de pura autocomplacência. Por isso, é imprescindível afirmar categoricamente que o generoso é aquele que dá e o egoísta, aquele que recebe. A arte de amar requer *generosidade ao dar* e *humildade ao receber*. É difícil medir qual das duas virtudes é mais acessível. O que está claro é que um relacionamento amoroso só funciona se for nas duas direções. Se um não sabe receber, o outro não pode dar.

Além disso, o autossuficiente pode talvez *dar*, mas não sabe *dar-se*. O amor é a arte de *dar-se dando* e de *dar dando-se*. O dom de algo invisível (como o dom de mim mesmo, de minha pessoa) precisa de um veículo visível para se expressar. A fim de referenciar nosso amor, podemos, por exemplo, comprar um presente material para a pessoa que amamos. Ao mesmo tempo, porém, esse presente pode ser defeituoso em si. Qualquer doação envolve a entrega de algo íntimo. O autossuficiente *dá*, mas não

---

(29) Josemaria Escrivá, *Amigos de Deus*, Quadrante, São Paulo, 2016, n. 230.
(30) Em Carlos Pujol, *Siete escritores conversos*, Palabra, Madri, 1994, p. 31.

se dá; faz favores, mas com certa frieza: não compromete sua interioridade.

Essa independência doentia obscurece as relações amorosas, pois, como veremos a seguir, para alcançar uma alta qualidade de amor é necessário cultivar, sem exclusões, uma *grande personalidade* e uma *grande capacidade afetiva*. O melhor dos amores ocorre entre pessoas maduras que se amam loucamente. São saudavelmente *independentes* porque superaram os problemas de autoestima; e são amorosamente *dependentes* porque só querem fazer o outro feliz. Assim, no casamento ideal, os cônjuges que conseguem conciliar a maturidade humana e a generosidade afetiva podem dizer entre si: «Por um lado, não me importa o que você pensa de mim; por outro, o desejo de fazer você feliz me consome».

Dependência e independência

Vimos[31] que as experiências de vida nos ajudam a compreender que não podemos depender exclusivamente de outras pessoas para estimar nosso valor pessoal. Esse é o processo natural que leva da adolescência à maturidade. A importância que as opiniões alheias tiveram até aquele momento para medirmos a nós mesmos vão se diluindo progressivamente com o conhecimento próprio. Conhecemos nossas possibilidades e limitações e aprendemos a aceitá-las. Todavia, há neste processo um perigo latente, que pode levar ao rompimento do equilíbrio que conserváramos até então com os outros. Surge quando se associa a aquisição da maturidade ao desinteresse pelas pessoas.

---

(31) Cf. I, 1.

É um equívoco achar que a dependência afetiva em relação aos outros atua como obstáculo à realização pessoal. Essa abordagem leva, na prática, não à conquista da independência pessoal legítima, mas à fracassada superação de dependências fundamentadas na falta de amor. Não se terá, pois, alcançado independência, e sim indiferença. A verdadeira independência não vem da frieza ou do distanciamento, mas da liberdade interior e da capacidade de amar de maneira desprendida. Não se trata de passar adiante, mas de aprender a não depender da estima alheia.

À medida que nos aperfeiçoamos, adquirimos aquela liberdade que nos permite conjugar no amor uma independência saudável e uma dependência saudável. Esses não são aspectos excludentes, embora à primeira vista o pareçam. O indivíduo ideal é ao mesmo tempo sensível e forte. No relacionamento com os outros, tem a bondade de dizer que sim sem que lhe falte personalidade para dizer tranquilamente que não. A maturidade combina esses dois aspectos, e isso a torna atraente. Por essa razão é que admiramos aquelas pessoas cujo afeto as torna vulneráveis, ao mesmo tempo que seu senso de dignidade as faz fortes. São capazes de assumir de boa vontade os laços que o amor cria, ao passo que sua autoestima humilde lhes permite conservar uma independência saudável. Da mesma forma, os casos contrários nos provocam rejeição – tanto aquelas pessoas frágeis que exigem atenção contínua (infantilismo) quanto aquelas arrogantes que não se deixam ser ajudadas ou amadas (individualismo).

A síntese entre independência e dependência poderia ser chamada de *autodependência*[32]. Consiste em evitar tan-

---

(32) Cf. Jorge Bucay, *El camino a la autodependencia*, Grijalbo, Barcelona, 2002.

to as falsas *dependências* à custa da independência legítima como as falsas *independências* à custa da dependência legítima. A falsa dependência leva ao servilismo. Podemos vê-la naquelas pessoas inseguras que, com medo de magoar os outros, não sabem dizer não. A falsa independência, por outro lado, denota autossuficiência e egoísmo. Observamo-la naquela gente um tanto arrogante que se desentende com os outros. Enquanto o servilismo padece da falta de liberdade interior, o desejo de preservar a própria autonomia a todo custo relaciona-se com um errôneo conceito de liberdade. De pouco serve a liberdade se não for para ser entregue por amor.

A falsa independência é mais prejudicial do que a falsa dependência. É preferível chamar a atenção do que fingir que não precisamos de ninguém. A autossuficiência nos isola dos outros; a vaidade, pelo menos, nos leva a tê-los em consideração. É melhor amar mal do que não amar. «A vaidade», argumenta Lewis, «embora seja o tipo de orgulho que mais se mostra na superfície, é de fato o menos pior e o mais perdoável». O vaidoso quer elogios, aplausos, muita admiração, e está sempre pedindo isso. É um defeito, mas um defeito infantil e até (estranhamente) humilde. Mostra que você não está de todo satisfeito com sua autoestima. Você entrega aos outros coragem suficiente para querer que eles olhem para você. Na verdade, você ainda é humano. O orgulho autenticamente obscuro e diabólico surge quando você despreza tanto os outros que não se importa com o que pensam. Certamente está tudo bem, e é muitas vezes um dever, não nos importarmos com o que as outras pessoas pensam de nós. Todavia, devemos fazê-lo pelos motivos certos; por exemplo, porque nos importa muito mais o que Deus acha. A razão, porém, pela qual o homem orgulhoso não se importa com o que os outros pensam é diferente. Ele diz: «Por que devo me preocupar com os aplausos daquela multidão? [...] Sou porventura o tipo de homem que enrubesce de prazer com um elogio, qual uma donzela em sua primeira dança? Não: sou uma personalidade integrada e adulta»[33].

Na prática, é difícil evitar a autossuficiência e a vaidade. Somente os santos o fazem; eles experimentam o que afirma São Paulo: «Sendo livre de todos, tornei-me servo de todos»[34]. Nós, dentro de nossas limitações, buscamos o equilíbrio e nos ajeitamos da melhor maneira possível. Em geral, alguns, por medo de perder a autonomia, não se entregam a ninguém e vivem na solidão, enquanto outros, por um desejo de apreço difícil de satisfazer, vão com o coração nas mãos e se amarram servilmente ao primeiro licitante.

Com essas reflexões, entramos agora no complexo mundo da afetividade a fim de explorar sua relação com a qualidade do amor, da autoestima e das faculdades espirituais do homem – a inteligência e a vontade.

As energias do coração

Nada nos torna tão dependentes, no melhor e no pior sentido da palavra, do que o afeto. O coração é uma espada de dois gumes. Seu lado amável está na *perspicácia* e na *capacidade de sacrifício*; o amargo, no desejo *irracional* e *possessivo*. No melhor dos casos, o afeto aguça o enten-

---

(33) C. S. Lewis, *op. cit.*, pp. 138-139.
(34) 1 Cor 9, 19.

dimento[35] e dá asas à vontade. No pior, dificulta a sensatez e o desprendimento. A maturidade emocional é uma tarefa vital que requer ajustes e equilíbrios contínuos. No plano da inteligência, a paixão afetiva facilita a empatia, mas também pode cegar a razão. A afetividade favorece a sintonia entre dois corações, mas a paixão impede aquele «recato natural que é sempre atraente, porque se nota na conduta o império da inteligência»[36]. Graças ao carinho, uma mãe capta imediatamente o que acontece com seu filho, por exemplo, mas a paixão emocional pode turvar seu juízo e provocar toda sorte de comportamentos irracionais. A mesma moeda com dois lados opostos se repete no plano da vontade. A afetividade facilita a generosidade, especialmente na hora do sacrifício, mas aumenta o sentimento de posse.

O coração é ao mesmo tempo forte e fraco. Garante perseverança em face da adversidade, mas aumenta a vulnerabilidade diante do desgosto. A pessoa sensível, enquanto não purifica sua afetividade, revela uma necessidade excessiva de se sentir amada. Se não conta com outros recursos, vê-se exposta a dolorosas decepções, e sua força é facilmente fragmentada. Quanto mais sua autoestima se ressente e quanto mais sua tristeza aumenta, maior sua tendência a reivindicar apreço e a alimentar fantasias. Seu desejo cego de ver confirmado o próprio valor não oferece perspectivas animadoras para o futuro. Ela parece condenada a um túnel sem saída, entre as expectativas afetivas

---

(35) Segundo Tomás de Aquino, o conhecimento perfeito é o «conhecimento afetivo da verdade» (*Summa theologiae*, II-II, q. 162, n. 3, ad 1). Os clássicos distinguiam entre intelecto e razão: ser inteligente é mais amplo do que ser razoável.

(36) Josemaria Escrivá, *Amigos de Deus*, n. 84.

que alimentou com a imaginação e a impossibilidade real de satisfazer uma sede excessiva de atenção.

Deixemos, porém, os aspectos negativos da afetividade para a próxima seção e concentremo-nos primeiro nas grandes vantagens que ela oferece. O coração é um motor que leva a amar, a se entregar. «Preste atenção», observa Antonio Machado. «Um coração solitário não é um coração»[37]. Se o coração transborda de afeto, toda a sua força se transforma no desejo de levar felicidade à pessoa amada, independentemente do sacrifício que isso implique. E, se for alcançada, essa felicidade mais do que compensará qualquer sofrimento ou esforço. A *felicidade de fazer feliz* é proporcional ao carinho. Numa pessoa madura, coração e vontade se apoiam mutuamente. Acima de tudo, «amar é querer o bem para alguém»[38]. O amor reside na vontade, mas, quando o coração ajuda, a entrega é tranquila. Caso contrário, se o afeto é reticente e a doação torna-se árdua, o motor da vontade põe o que falta para conseguir um sacrifício *prazeroso*, mesmo que seja sem *querer*. Embora o coração seja *fisiologicamente frio*, a vontade o inflama.

«A perfeição moral consiste em que o homem não seja movido para o bem apenas por sua vontade, mas também por seu "coração"»[39]. A bondade deve permear a inteligência, a vontade e o coração. «A boa formação do caráter», afirma Alejandro Llano, «é aquela que consiste em chegar a gostar do bem e não gostar do mal. Porque então será um sinal de que minha liberdade está deixando marcas

---

(37) Antonio Machado, *Canciones*, n. LXVI.
(38) Tomás de Aquino, *De caritate*, art. 7.
(39) *Catecismo da Igreja Católica*, n. 1775.

em meu próprio corpo, de que a sensibilidade certa me vem enredando na massa de meu sangue. Desse modo, consigo superar a esquizofrenia, tão típica de hoje, entre o racionalismo frio que domina de segunda a sexta-feira e a febre de dispersão que prevalece aos fins de semana. Estou alcançando uma vida unitária, embora não unívoca ou monótona. Progressivamente integro em minha vida aqueles ativos que estão na base de minha própria personalidade. A poesia do coração vai penetrando na prosa da inteligência»[40]. Trata-se de unir nossos recursos – inteligência, vontade e afeto – a serviço do amor. O intelecto inspira boas intenções e a vontade, sustentada pelo coração, as põe em prática.

A bondade que o coração pode irradiar é incrível. «Fiz tudo o que fiz na minha vida, em todos os campos, baseado no carinho», dizia Eduardo Ortiz de Landázuri[41]. Algo semelhante poderiam dizer tantos pais, e principalmente tantas mães. «Maravilhosa energia a do amor materno, lampejo sagrado do amor divino, que encontra força para tudo e nunca é sufocado pelos mais insuportáveis sacrifícios e fadigas!»[42]. À primeira vista, a pessoa insensível parece mais forte, mas é menos persistente na adversidade a longo prazo. Por outro lado, é impressionante a capacidade de abnegação de quem tem um grande coração. Talvez superficialmente sucumba a pequenas contradições, mas,

---

(40) Alejandro Llano, *La vida lograda*, op. cit., p. 79.
(41) Em Esteban López-Escobar e Pedro Lozano, *Eduardo Ortiz de Landázuri*, Palabra, Madri, 1994, p. 279. Este professor, admirado por sua ciência médica e sua santidade, faleceu em 1985. Em 1998, teve início seu processo de beatificação.
(42) Enrique Gil y Carrasco, *El señor de Bembibre*, Rialp, Madri, 1999, p. 103.

diante de uma grande dor, mostra a maior integridade. Vemos mais isso nas mulheres. Elas são capazes, enquanto se sentem amadas, dos maiores sacrifícios. «Dê amor a uma mulher e não haverá nada que ela não faça, sofra ou arrisque», diz Wilkie Collins[43].

O coração também contribui para humanizar tudo o que nos rodeia. Percebemos quando ele falta, por exemplo, no cenário econômico-trabalhista, em que cifras e cálculos são muitas vezes mais poderosos do que o respeito à dignidade. A ausência do fator humano leva a dar mais destaque às *coisas* do que às *pessoas*, ou a sacrificar o que é *importante* em troca do *urgente*. A famosa distinção de Gabriel Marcel entre *ser* e *ter* ajuda a compreender todo este quadro[44]. O mundo do *ter* responde a realidades objetivas como a tecnologia, onde não há comunicação possível, mas solidão e vazio, porque o homem está reduzido a uma mera função. Por outro lado, o mundo do *ser* é o mundo da disponibilidade, da comunicação autêntica, do transcendente.

Além do local de trabalho, também os relacionamentos familiares e sociais são frequentemente contaminados pela falta dessa humanidade que nasce do afeto. Vê-se em famílias distintas, por exemplo, que a civilidade, por falta de afeto, degenera em formalismo. «Em ambientes especialmente requintados, muitas vezes respira-se um mal que gela a alma, tornando a própria convivência artificial»[45]. Mesmo uma concepção errada do cristianis-

---

(43) Wilkie Collins, *La ley la dama*, Rialp, Madri, 2007, p. 20.
(44) Cf. Gabriel Marcel, *Ser y tener*, Guadarrama, Madri, 1971.
(45) M. A. Martí García, *La afectividad*, Ediciones Internacionales Universitarias, Madri, 2000, p. 43.

mo pode dar lugar a «uma *caridade oficial*, seca e sem alma»[46]. Em todo caso, como diz Marcel, o mundo em que as relações interpessoais desapareceram dá origem a uma «tristeza sufocante»[47].

Afeto desprendido como ocorre entre amigos

O afeto ideal é *desprendido*. Leva-nos a ter consciência de que amar não obriga a ser amado e que, portanto, qualquer tipo de coerção em busca de uma correspondência forçada não tem sentido. Por isso é sutil nas sugestões e amigável nas indicações.

Um acontecimento pode ilustrar essa «arte de não se impor». Havia um menino profundamente apaixonado por uma menina que, devido à sua insegurança, e apesar de estarem juntos há muito tempo, não conseguia decidir-se a se comprometer com ele. Nessas circunstâncias, o rapaz pediu a um amigo comum o seguinte favor: «Se por acaso ela lhe disser que me vai abandonar, peço-lhe que me conte; então posso evitar aquele gosto amargo: mandarei uma carta agradecendo-a por tudo e me despedirei dela para sempre... Meu objetivo principal é fazê-la feliz. Mas, se ela não me ama, nunca serei capaz de conseguir isso...». Eis um exemplo de respeito e retidão de intenção.

Do lado oposto ao desprendimento encontra-se o desejo possessivo, que encobre mil formas de egoísmo. Nesse amor imperfeito, há «uma espécie de autoconfirmação

---

(46) Josemaria Escrivá, *É Cristo que passa*, Quadrante, São Paulo, 2018, n. 167.
(47) Cf. Gabriel Marcel, *Le monde cassé*, Desclée de Brouwer, Paris, 1933.

egocêntrica»[48]. Ele tem sua explicação, embora não se justifique. Lewis aponta isso em relação à «necessidade do afeto de ser necessário»[49]. Nos recantos do desejo possessivo, muitas vezes há um clamor de sentir-se útil, um desejo cego de confirmar o próprio valor – do qual duvidamos doentiamente – ou mil manifestações do medo da rejeição. É um quebra-cabeça em que misturam-se as feridas razoáveis do coração e as sequelas do orgulho. «O quanto podemos fazer sofrer os que nos amam, e que terrível poder de ferir temos sobre eles!», exclama Albert Cohen, lembrando-se da mãe, já falecida[50]. Quando se trata de examinar nossa tristeza a fim de distinguir entre o bem e o mal do coração, devemos diferenciar o *coração ferido* do *orgulho ferido*. Se uma pessoa querida nos despreza, talvez não apenas nossos corações doam, mas também nosso orgulho. Se ferisse apenas nossos corações, a dor seria legítima; não ficaríamos com raiva – no máximo choraríamos em silêncio. O amor-próprio, por outro lado, gera suscetibilidade.

Em todo caso, no plano mais nobre, o amor é sempre salpicado de incertezas e apostas arriscadas, mas vale a pena enfrentá-las. «Amar», afirma Lewis, «sempre é ser vulnerável. Basta que amemos algo para que nossos corações certamente se retorçam e possivelmente se quebrem. Se você quer ter a certeza de conservá-lo intacto, não deve entregar seu coração a ninguém, nem mesmo a um animal. Deve cuidadosamente cercá-lo de caprichos e pequenos luxos; evitar todo compromisso; mantê-lo

---

(48) Dietrich von Hildebrand, *El corazón*, Palabra, Madri, 1997, p. 129.
(49) C. S. Lewis, *Los cuatro amores* [Os quatro amores], Rialp, Madri, 2007, p. 81. *Affection's need to be needed*, diz o texto original.
(50) Albert Cohen, *El libro de mi madre*, p. 60.

trancado à chave no baú ou no ataúde de nosso egoísmo. Todavia, nesse baú – seguro, escuro, imóvel, sem ar – ele mudará, não se romperá, se tornará inquebrantável, impenetrável, irredimível»[51].

O risco do sentimento de posse está presente em todas as formas de amor – entre amigos, entre casais e entre pais e filhos –, mas aumenta com a intensidade do afeto. Por isso, o desprendimento é mais frequente entre amigos do que entre amantes, embora tenha mais mérito se ocorrer entre pessoas unidas por fortes laços afetivos. Detenhamo-nos no *amor de amizade*, uma vez que sua qualidade serve como modelo para os demais tipos de amor humano. O ideal seria que os que se amam loucamente evitassem o sentimento de posse inspirando-se no comportamento dos bons amigos. «Os apaixonados», observa Lewis, «estão sempre falando sobre seu amor; os amigos, quase nunca de sua amizade. Normalmente os amantes ficam cara a cara, absortos um no outro; os amigos vão lado a lado, absortos em algum interesse comum»[52].

Os gregos já distinguiam entre o amor de amizade (*philia*) e a paixão (*eros*). A última pode se dar inesperadamente e criar grande dependência. O amor de amizade, por outro lado, é fruto de uma escolha livre (daí o termo latino *dilectio*, que vem de *electio*). De acordo com Cícero, o amor de amizade procede mais de «um impulso da alma» do que da necessidade (*ab indigentia*)[53]. A verdadeira amizade, diz Lewis, é governada pela liberalidade; trata-se de um «mundo luminoso, calmo e racional de re-

---

(51) C. S. Lewis, *Los cuatro amores*, p. 135.
(52) *Ibidem*, p. 73.
(53) Marco Túlio Cícero, *De amicitia*, VII, 27.

lacionamentos livremente escolhidos»[54] É por isso que «é o menos ciumento dos amores, [...] o menos biológico»[55]. As afinidades comuns facilitam o entendimento mútuo, mas o verdadeiro amor de amizade não surge como consequência de interesses particulares, nem se conserva em virtude de interesses adquiridos. Se os amigos estão à altura desse tipo de amor, dá-se um ponto de encontro em que cabem igualmente os detalhes, os afetos, as verdades nunca ditas sem entusiasmo, bem como enormes diferenças que são tão respeitadas quanto intransponíveis; dá-se, em suma, a oportunidade para um progresso e enriquecimento permanentes. Dada a alta qualidade do amor de amizade, é compreensível a famosa frase que a americana Mary Haskell escreveu a seu grande amigo Khalil Gibran, poeta libanês dez anos mais jovem, quando, pelo tom de suas últimas cartas, Mary começou a perceber que ele havia se apaixonado por ela: «Não permitamos que esta bela amizade se transforme num caso de amor vulgar»[56].

Cícero define a amizade como «uma consonância absoluta de opiniões sobre todas as coisas divinas e humanas, unida a uma benevolência e um amor recíprocos»[57]. Portanto, são bons amigos os que se entendem, se amam e se respeitam. O entendimento mútuo é a nota característica do amor fraterno, enquanto o afeto e a benevolência são elementos essenciais de todos os tipos de amor. O clássico termo «benevolência», pouco usado hoje, é particularmente interessante à luz de nossas considerações sobre a qualidade

---

(54) C. S. Lewis, *Los cuatro amores*, p. 71.
(55) *Ibidem*, pp. 73, 75.
(56) Em Herwig Arts, *De Wegen van Het Hart. Over Vriendschap*, Davidsfonds, Lovaina, 1991, p. 12.
(57) Marco Túlio Cícero, *De amicitia*, VI, 20.

amorosa, pois abarca três das qualidades do amor ideal: respeito, retidão de intenção e liberdade interior. Aplicada ao nosso tema, a benevolência constitui o corretivo de que a afetividade necessita. Graças à benevolência como virtude, o afeto se torna respeitoso, desapegado e desinteressado.

Ao referir-me ao amadurecimento no amor, tracei uma distinção entre o *amor como atração* e o *amor como doação*. Da mesma forma, os clássicos contrastavam a *concupiscência* com a *benevolência*. Indicavam, assim, que quem vê-se acossado por necessidades imperiosas não será capaz de se comportar de maneira benevolente. Eles sabiam que só Deus, a quem nada falta, é extremamente benevolente. Noutras palavras: para poder dar, é preciso ter. Uma pessoa rica tem mais facilidade do que uma pessoa pobre quando se trata de dar esmolas de forma livre e desinteressada. Se aplicarmos isso ao âmbito do amor, entenderemos por que o desprendimento é típico das pessoas que, graças à sua autoestima humilde, alcançaram uma elevada perfeição moral. «A virtude», declara Cícero, «é o que reconcilia e preserva as amizades, pois nela se baseiam a harmonia, a estabilidade e a constância dos sentimentos»[58]. Mais uma vez, portanto, a autoestima humilde apresenta-se como solução. Só assim é possível aumentar a própria capacidade afetiva e dobrar aquele orgulho que tantas vezes envenena a afetividade.

Quando se trata de combinar afeto intenso e desprendimento, dá-se o mesmo que vimos ocorrer na conciliação entre dependência e independência. A maioria das pessoas é amorosa, mas excessivamente dependente; ou independente, mas fria. Em vez de purificar seus afetos, alguns são

---

(58) *Ibidem*, XXVII, 100, p. 124.

desapegados, mas silenciam os próprios corações, enquanto outros são sensíveis, mas monopolizam os que amam. Os primeiros tornam-se indiferentes; os últimos, suscetíveis. Só os santos conseguem combinar o afeto mais intenso com o desprendimento mais primoroso.

«Não te digo, Senhor, que me tires os afetos», dizia São Josemaria Escrivá, «mas que os acrisoles»[59]. Essa *afeição purificada*, ao mesmo tempo intensa e recatada, é tão rara que frequentemente leva a mal-entendidos. Alguns acharão erroneamente que há maldade quando no fundo se trata de sutileza. Edith Stein, por exemplo, que cultivou tantas amizades, conta numa de suas cartas que experimentou «um amor que, de tão puro, quase não é deste mundo. [...] Pois, no trato com os amigos e até com os próprios familiares, sempre quis fazer tudo por amor, e acho que assim o entendem, embora às vezes também ache que eles suspeitam de outra coisa: como um certo desapego que realmente não existe»[60].

Em suma, para que as pessoas unidas por fortes laços afetivos possam se amar com o mesmo desprendimento dos bons amigos, é preciso que purifiquem o coração. A paixão afetiva, como tal, não é nem boa, nem má. O coração sempre prega uma grande peça, mas, para não nos trair, precisa de correção espiritual. A luta, nesse sentido, consistirá em colocar o ponto de equilíbrio entre o afeto e a dependência excessiva dele. Em vez de retrair o coração para evitar possíveis transtornos, é preciso purificá-lo, anulando a tendência possessiva. O orgulho é como um vírus oculto que, por dentro, contamina a afetividade. A autoestima hu-

---

(59) Josemaria Escrivá, *Forja*, Quadrante, São Paulo, 2016, n. 750.
(60) Em Eduardo T. Gil de Muro, *Conversaciones con Edith Stein*, Monte Carmelo, Burgos, 2007, p. 155.

milde é o melhor antídoto contra esse mal, o caminho mais saudável para o desapego afetivo. Nesse contexto, o temido medo da rejeição, que tanto fere nosso orgulho, desaparece. Não é conveniente deixar-se levar apenas pelo coração, mas convém servir-se de suas riquezas. Nosso lema poderia ser: sempre com o coração, mas nunca *só* com ele.

Vejamos uma última questão. Enquanto nossas afeições não forem purificadas, o que é preferível: amar *muito* e *mal*, ou amar *pouco* e *bem*? Diante desse dilema, dá-se com alguns o que se passou com a última princesa da corte otomana. Quando adolescente, ela escreveu em seu diário: «Ah, sempre somos culpados, seja porque não amamos o suficiente, seja porque amamos demais». Sua mãe tentava educar sua afetividade tratando-a de maneira severa, mas ela não a entendia. Não percebia que seu sentimento de posse estava precisamente ligado ao grande afeto que sentia pela mãe. «Se eu pudesse amá-la menos», escreveu a filha em seu diário, «não ser tão desajeitada, não ansiar tanto por agradá-la, se pudesse mostrar indiferença em relação a ela... Então ela me amaria, tenho certeza»[61].

Diante do perigo do sentimento de posse gerado pelo afeto, sobretudo quando é intenso, não é de estranhar que alguns desconfiem sistematicamente do coração. Eles se sufocam diante das necessidades afetivas não satisfeitas. Não conhecendo solução, para evitar problemas, optam por encolher o coração. Sobre essa aversão ao mundo afetivo, Miguel Ángel Martí escreve: «Sempre desconfiei daqueles que, motivados por não sei que razões ocultas, avançam com um apelo contra o *sentimentalismo*, sem perceber que sua frieza os denuncia; são pessoas que só aten-

---

(61) Kenizé Mourad, *De parte de la princesa muerta*, Muchnik, Barcelona, 1988, p. 175.

dem ao chamado do dever, e seu único padrão de conduta é a disciplina, ignorando sua própria dimensão afetiva e, é claro, também a dos outros»[62]. Se o coração se atrofia e se esfuma, todas as fontes de energia que são decisivas para a entrega desaparecem; a vontade, então, carente de afeto, vê-se condenada ao *voluntarismo*.

O voluntarismo

Voltemo-nos agora para duas questões indiretamente relacionadas à autoestima humilde e à qualidade do amor. A primeira, o voluntarismo, atinge de maneira especial a quem aspira a um alto grau de perfeição moral e cristã. A segunda, que é a comunicação entre homem e mulher, desempenha um papel decisivo no sucesso da relação conjugal.

A vontade não é um problema; o voluntarismo é. Para entendê-lo, deve-se observar o homem como um todo. A natureza humana conjuga três peças igualmente importantes para medir a qualidade de seu amor: o coração, o intelecto e a vontade. O ideal seria ter a sensibilidade de um poeta, a capacidade de raciocínio de um filósofo e a força de vontade de um campeão esportivo. Esses três aspectos contribuem na mesma medida para um todo harmonioso.

No entanto, você também pode superdimensionar um desses três elementos em detrimento dos outros dois. Isso ocorre quando um deles se torna o protagonista e usurpa dos outros um papel que não lhe corresponde. Os três desvios possíveis são o *sentimentalismo*, o *inte-*

---

(62) Miguel Ángel Martí García, *La afectividad*, p. 29.

lectualismo e o *voluntarismo*. Se estivessem devidamente conjugados, não haveria problema. O amor é capaz de combinar todos os recursos afetivos, intelectuais e volitivos. Todavia, já vimos como o coração perturba a atividade do intelecto e da vontade quando abandona seus poderes subsidiários e se torna possessivo ou egoísta. «O intelecto, a vontade e o coração deveriam cooperar uns com os outros, mas respeitando o papel e a área específica de cada um. O intelecto ou a vontade não devem tentar proporcionar o que apenas o coração pode oferecer, ao passo que o coração não deve assumir o papel do intelecto ou da vontade»[63].

O fenômeno do voluntarismo consiste em achar que tudo se realiza à força de determinação, desconsiderando os recursos afetivos e as razões proporcionadas pelo intelecto. Além disso, na vida cristã, esse peso excessivo da vontade leva a deixar em segundo plano os recursos sobrenaturais, como a inestimável ajuda da graça. No entanto, a desvalorização de outros recursos não surge do nada ou como consequência de um processo consciente e deliberado. Ao contrário: vai se forjando aos poucos, mesmo naquelas pessoas com comportamento impecável, admirável por sua inflexibilidade e seu senso de responsabilidade. Por conseguinte, tornam-se necessários um grande conhecimento e uma boa dose de pedagogia. É preciso ensinar que, no jogo da vida, o intelecto e o coração jogam no mesmo time da vontade, independentemente das características genéticas com que nascemos.

A valorização das energias do coração é importante para todos, mas sobretudo para aqueles temperamentos

---

(63) Dietrich von Hildebrand, *El corazón*, p. 106.

marcados por sua baixa capacidade afetiva. É possível pensar, nesse sentido, em casamentos que conservam uma fidelidade sem amor ou em pessoas dadas a Deus, mas que ainda não se apaixonaram por Ele. A causa, em ambos os casos, pode ser simplesmente a ignorância de que o coração e o intelecto têm o mesmo protagonismo que a vontade quando se trata de assegurar um amor crescente. Nesses casos é conveniente educar de maneira positiva, com muita delicadeza. Ao ajudar um voluntarista, é mais importante oferecer soluções do que insistir em seu defeito. Caso contrário, o dano que pode ser causado é enorme.

O voluntarismo não é apenas um problema de *recursos*, mas também um problema de orgulho que afeta a *qualidade do amor*, na medida em que combina muito pouco com a liberdade interior e a retidão de intenção. Privado da inspiração e da fonte de energia fornecida por essas duas qualidades invisíveis do amor, o voluntarista se vê condenado a transformar algo tão positivo quanto o desejo de perfeição em algo tão negativo quanto o perfeccionismo. E o mesmo acontece com o senso do dever, caso o rigorismo o cegue. Em última análise, o voluntarismo é resolvido pelo emprego de todos os recursos disponíveis e pelo cultivo de uma autoestima humilde.

O voluntarismo pode funcionar por mais ou menos tempo, mas geralmente termina mal, como uma árvore cujas raízes estão infectadas. Ou se corrige aos poucos, ou se degenera cada vez mais. Amar só com base na vontade é possível, mas acaba por ser cansativo, desmotivador, fazendo do próprio amor algo sem sentido.

A natureza tem seus imperativos inescapáveis. Somos feitos para ser felizes amando *muito* e *bem*. Já o voluntarista se esforça, mas não ama bem. Diz-se que Deus sempre perdoa; os homens, às vezes; a natureza, nunca. Por isso, quem está submetido a uma grande tensão interior costuma ser tomado por uma patologia nervosa ou alguma doença psicossomática. Se a alma está doente, o corpo o expressa. Felizmente, esses momentos de crise podem ser o início de uma mudança profunda na vida, em que os imperativos da vontade encontrarão um curso mais amável, também guiado pelo coração e pelo intelecto. Quando uma casa desmorona, é hora de reconstruí-la sobre um fundamento melhor.

De todo modo, o perigo do voluntarismo não é desculpa para desistir do desejo de perfeição. É melhor aspirar à perfeição da maneira errada do que ficar de braços cruzados. Trata-se, portanto, de purificar essas aspirações, superando aquele estágio imperfeito do amor. Certamente é melhor fazer o bem por mero senso de dever do que não fazê-lo, mas é mais perfeito – e mais fácil – se sacrificar para contribuir para a felicidade das pessoas amadas.

Todo grande ideal – e o amor o é – requer certo esforço, às vezes heroico. O mesmo se aplica à luta cristã pela santidade. Todos os santos viveram as virtudes em grau heroico, mas sabem que a *santidade*, como perfeição do amor, não é o mesmo que *heroísmo*. Todo santo é heroico, mas nem todo herói é santo. Ambos se entregam a um ideal, mas, no santo, trata-se antes de tudo de um ideal de amor. O herói se entrega por algo, enquanto o santo se entrega por alguém. Tanto o santo quanto o herói realizam façanhas, mas a motivação do herói não está isenta de amor-próprio. O santo, por outro lado, consciente de sua dignidade de filho de Deus, purifica seu amor-próprio e torna-se capaz de se sacrificar – pelo Senhor e pelos outros – de forma mais altruísta. Sabe que

«Jesus não vê tanto a grandeza das obras, nem mesmo o grau de dificuldade, quanto o amor com que são realizadas...»[64]. Não é necessário que você faça boas obras por autocomplacência, pois o Amor que recebe de Deus o reconcilia consigo mesmo. O santo está apaixonado pelo Senhor e, como veremos mais à frente,[65] intui que Jesus precisa de *cireneus*, corredentores que aliviam seus padecimentos redentores. Por isso, todo sacrifício, mesmo o heroico, parece-lhe pequeno.

Aprender a se comunicar

O sucesso de um casamento não depende apenas da qualidade do amor entre os cônjuges. A experiência revela que, para coroar com sucesso a vida matrimonial, não basta esforçar-se por melhorar a qualidade do amor, mas também aprender a se comunicar. De fato, conheci casais que não se davam bem apesar de serem, cada um separadamente, pessoas admiráveis por sua capacidade de amar. A conclusão é clara: não basta que os esposos se *amem*, é preciso também que se *compreendam*.

Esse esboço do amor ideal estaria incompleto se eu não me detivesse, mesmo que de maneira breve, nos problemas de comunicação, infelizmente frequentes, entre as pessoas unidas pelo matrimônio. Trata-se de assunto delicado, sem dúvida, mas que pode fornecer alguns *insights* que facilitam o entendimento mútuo entre homens e mulheres. É uma pena notar como a falta de qualidade nesta

---

(64) Teresa de Lisieux, em José Pedro Manglano, *Orar con Teresa de Lisieux*, Desclée, Bilbau, 1997, p. 67.
(65) Cf. II, 2. Ver também II, 1.

comunicação contribui para a deterioração progressiva do casamento, que se converte num sem-fim de mal-entendidos evitáveis com uma melhor preparação.

Homens e mulheres têm igual dignidade e maneiras diferentes de ser. De acordo com certas pesquisas, 80% das mulheres consideram o nível de comunicação alcançado no casamento deficiente, ao passo que apenas 20% dos homens pensam o mesmo. Do mesmo modo, a decepção amorosa costuma ser mais aguda nas mulheres, devido ao idealismo ou à sua maior constância no afeto. Poder-se-ia dizer que elas têm inclinação natural a se concentrar no que é realmente importante, que é dar e receber amor. É aí que reside sua fonte mais decisiva de autoestima; elas valorizam seus êxitos profissionais em sua justa medida, mas isso é secundário. Num romance de Wilkie Collins, uma esposa descontente ecoa essa realidade quando escreve a uma amiga: «Falando por experiência própria, vou lhe contar o que observei. As jovens recém-casadas, que têm um amor profundo pelos maridos – e é este o seu caso –, muitas vezes cometem um erro gravíssimo: como regra geral, esperam muito deles. Os homens, minha pobre Sara, não são como nós. Seu amor, mesmo quando sincero, não é como o nosso; não é tão constante e fiel como o que lhes oferecemos; não é a única esperança ou a razão de suas vidas, como é para nós».[66]

As generalizações são perigosas: em qualquer tentativa de abarcar a realidade, são inúmeras as nuances. Todos conhecemos, por exemplo, homens de extrema sensibilidade e mulheres que colocam seu trabalho profissional acima de tudo. Apesar disso, é possível locali-

---

(66) Wilkie Collins, *La ley y la dama*, p. 153.

zar as tendências mais frequentes sem atingir as menos frequentes. Assim, em geral, as mulheres, como todas as pessoas sensíveis, entendem melhor os problemas de insegurança; nas palavras de Carmen Martín Gaite, elas são «mais afetadas pela falta de amor do que os homens, mais atormentadas pela busca de uma identidade que as faça ser apreciadas pelos outros e por si mesmas»[67]. Se uma mulher não se sente bem na própria pele, teme não ser capaz de agradar aos outros: «Para ser querida, você tem de gostar de si mesma»[68]. Em seu diário particular, Balduíno da Bélgica, rei que deixou certo rastro de santidade, pediu a Deus o seguinte a respeito de sua esposa: «Ensina-me a amá-la com ternura. Dá a ela uma visão mais positiva de si mesma. Faz com que saiba que é amada por Ti com um amor de predileção»[69].

Todos nós, homens e mulheres, somos instados a cultivar um relacionamento saudável com nós mesmos, que por sua vez nos permita desenvolver um bom relacionamento com os outros. Também o homem, diferente em tantas coisas da mulher, tem seu jeito de reivindicar apreço e precisa aprender a amar a si próprio a fim de amadurecer verdadeiramente, embora possa relegar esse aspecto a um segundo plano. John Gray destaca isso ao observar que «o que o homem mais teme é não servir ou ser incompetente. Ele compensa esse medo dedicando-se a aumentar seu poder e competência. Sucesso, realização e eficiência são as

---

(67) Carmen Martín Gaite, *Cuentos completos*, Prólogo, Alianza Editorial, Madri, 1981, p. 8.
(68) José María Contreras, *Pequeños secretos de la vida em común*, Planeta, Barcelona, 1999, p. 86.
(69) Em Leo-Jozef Suenens, *Le Roi Baudouin. Une vie qui nous parle*, F.I.A.T., Ertvelde, 1995, p. 67.

coisas mais importantes em sua vida»[70]. Esse perigo é real e se traduz, em muitas ocasiões, numa insegurança camuflada de autossuficiência. Como diz Susana Tamaro num de seus romances, «por trás de sua aparente arrogância, por trás de sua aparente segurança, os homens são extremamente frágeis»[71].

É verdade que em geral os homens parecem mais autoconfiantes, mas também é verdade que, quando são dominados pela solidão, caem no álcool (ou no suicídio, em casos extremos) com mais frequência do que as mulheres. Se o casamento vai mal, o homem tende a se encerrar no trabalho, enquanto a mulher, ao fundamentar sua autoestima mais no amor, tem maior imaginação para encontrar uma forma de continuar amando. Isso explicaria por que muitas vezes, após uma decepção com o marido, ela se volte mais intensamente para os filhos.

No entanto, algumas decepções femininas não têm base real e, ao contrário do que a esposa pensa, o marido a ama. Em vez disso, enfrenta-se outro problema, com duas variantes igualmente negativas: a ausência de autoestima ou a falta de comunicação plena.

O primeiro caso ocorre porque a mulher «é especialmente vulnerável à crença negativa e incorreta de que ela não merece ser amada»[72]. E, quanto mais duvida de si mesma, mais facilmente duvida do amor de seu marido. Ela não está ciente de que seu medo de rejeição tem ori-

---

(70) John Gray, *Los hombres son de Marte, las mujeres de Venus*, Grijalbo, Barcelona, 1993, p. 83.
(71) Susana Tamaro, *Donde el corazón te lleve*, Seix Barral, Barcelona, 1995, p. 108.
(72) John Gray, *Los hombres son de Marte, las mujeres de Venus*, op. cit., pp. 79-80.

gem nas mesmas dúvidas que nutre sobre a própria amabilidade. A tendência dessas mulheres – como acontece com os homens especialmente sensíveis – corrobora a frase de Cícero sobre a amizade: «Há quem chateie os amigos por achar que o desprezam; isso raramente acontece, exceto para aqueles que se consideram desprezíveis»[73].

Em relação ao segundo caso, decorrente de má comunicação, alguns esclarecimentos devem ser feitos. Em geral, basta ao homem *saber* que é amado, enquanto a mulher precisa *se sentir* amada. Eis onde reside a diferença que às vezes explica por que uma mulher se convence mais facilmente do amor de seu marido se o vê chorar por ela do que se ele explicar, com argumentos frios, que seu amor é real. Ilustra-o o recorrente exemplo da divisão das tarefas domésticas, um foco habitual de conflito. A solidão com que a mulher carrega tantas vezes esse peso induz o homem a colaborar mais nas tarefas domésticas sem perceber que, talvez, o que sua esposa mais deseja é um olhar de cumplicidade. Ao mesmo tempo, a mulher, presa de outras expectativas, não dá importância àquele gesto, que considera pontual e inconstante, esperando outras formas mais contundentes de afeto. O bom senso nos convida a pensar num ponto de encontro intermediário. Não poucos conflitos conjugais seriam evitados se mulheres especialmente sensíveis aprendessem a dar mais importância ao *saber* do que ao *sentir* e se os maridos particularmente viris fizessem mais esforço para expressar o que sentem. O homem muitas vezes vê no ciúme da mulher a origem de todos os males, esquecendo-se de que nem sempre são tão irracionais

---

(73) Marco Túlio Cícero, *De amicitia*, XX, 72.

quanto parecem e que às vezes provêm de um desacordo real.

Os mal-entendidos entre cônjuges merecem toda a nossa compreensão. Se consideramos o estresse acarretado pela transformação familiar de hoje, entendemos que a urgente necessidade que os maridos têm de procurar o sustento consome muita energia quando se trata de cuidar emocionalmente de si. Além disso, alguns mal-entendidos, embora irritantes, são de pouca importância. Acontece, por exemplo, quando um marido reclama que sua esposa quer mudá-lo ou quando uma mulher censura seu marido por não ouvi-la. A casuística é imensa. Há mulheres que não param de corrigir o marido ou que o obrigam a ser elegante na sociedade (persuadidas de que, se saírem de determinados parâmetros, estarão destoando). E há maridos que não conseguem ouvir com atenção o que a esposa lhes diz. Tudo aponta, de todo modo, para o fato de que «os homens devem lembrar que as mulheres falam de seus problemas para ter intimidade, e não apenas para encontrar soluções. Muitas vezes, a mulher quer apenas expressar seus sentimentos sobre como foi o seu dia, enquanto o marido, na crença de que está ajudando, a interrompe e oferece uma série de soluções para seus problemas. E ele não tem ideia do porquê isso a faz se sentir tão mal»[74]. A esposa acha ruim, mesmo que não o diga e pense, que o marido, que parece não se importar com as coisas dela, lhe dê uma aula magistral com soluções que ela já conhece. Ao mesmo tempo, esquece que é difícil para ele entendê-la falando sobre um problema cuja solução ele já conhece de antemão.

---

(74) John Gray, *Los hombres son de Marte, las mujeres de Venus*, p. 41.

Existem mal-entendidos entre os cônjuges que são importantes: aqueles que estão ligados à confiança de cada um no amor do outro. Nada magoa tanto os cônjuges quanto a desconfiança no amor alheio. Se isso acontece, os primeiros anos de leveza podem levar a anos de pesadelo. Eis o que Tolstói narra num de seus famosos romances: ela, «sem motivo, tinha ciúmes, exigia dele atenção constante, protestava contra tudo e fazia cenas desagradáveis e rudes»[75]. Tudo depende do clima de confiança. Caso ele se deteriore, tudo desmoronará como um castelo de cartas. Se for restabelecido, tudo irá bem. Smalley, escritor americano, relata graciosamente como, após seis meses oferecendo-lhe um tratamento primoroso, conseguiu reconquistar a confiança de sua esposa. A prova de fogo veio quando ele lhe disse que desejava se isolar por seis semanas a fim de escrever um livro. Antes, qualquer plano que não a levasse em consideração teria sido motivo de conflito[76].

Não obstante essa seja uma generalização, eis como uma crise comum se forja entre uma esposa assaz complicada e um marido assaz simplista: ela harmoniza seu trabalho profissional com a dedicação aos filhos e ao trabalho doméstico; ele ajuda um pouco em casa, mas dedica-se a um trabalho profissional que lhe toma todo o tempo. O ideal, logicamente, seria que ambos se mostrassem simples e abertos à complexidade da vida, objetivos aos quais homens e mulheres deveriam aspirar igualmente.

---

(75) Liev Tolstói, *La muerte de Ivan Ilich*, Salvat, Madri, 1969, p. 32.
(76) Cf. Gary Smalley, *If Only He Knew. What No Woman Can Resist*, Zondervan, Michigan, 1996, p. 37. A frase está num capítulo intitulado: *"If your wife doesn't win first place, you lose!"* (Se a sua mulher não ganhar o primeiro lugar, você perde!).

Todavia, o marido negligencia sistematicamente os detalhes emocionais de sua esposa, que conclui erroneamente que ele não a ama mais. Ela começa a temer não ser a única na vida do marido e passa a procurar a suposta *rival*, que não necessariamente há de ser outra mulher: podem ser também a família, os amigos, o trabalho ou os *hobbies*. Se sente ciúme, por exemplo, do tempo que o marido dedica à sua profissão, ela o culpa por isso. Tudo se resolveria se ela esclarecesse que não confia mais no amor do marido; no entanto, ela opta por uma hostilidade que o esposo, por falta de empatia, não espera nem compreende. A tempestade chegou, e o marido não se preparara. Uma maior atenção às mensagens não verbais que sua esposa estivera tentando transmitir teria sido o suficiente para evitar isso. Apesar da «usual submissão feminina às meias-verdades»[77], pode-se notar o que as mulheres pensam só pelo olhar.

Se houver empatia e compreensão, uma explicação sempre pode ser encontrada, mesmo quando parece ser mais irracional. Cada vez que um dos cônjuges faz ou diz algo que o outro não entende, este outro deve saber que há qualquer coisa que ignora e procurar a informação que falta, em vez de pensar que o cônjuge enlouqueceu ou que age por maldade.

Assim, por exemplo, explica-se a dificuldade que uma mulher às vezes experimenta em simplesmente dizer ao marido: «Acho que você não se importa mais comigo»[78]. De fato, uma pessoa sensível, com toda a esperança depo-

---

(77) Carmen Martín Gaite, *Irse de casa*, Anagrama, Barcelona, 1998, p. 93;

(78) John Gray, *Los hombres son de Marte, las mujeres de Venus*, p. 91.

sitada no amor, sofre tanto ao ver desabar sua principal fonte de autoestima que lhe é muito difícil abrir-se à pessoa que a decepcionou.

Ambos deveriam sentir o duro golpe que o outro está sofrendo, sabendo se colocar no seu lugar. Se falta esse entendimento, o que talvez começou como uma pequena briga por causa do horário de trabalho ou qualquer outro motivo só piora. Se não conseguirem se colocar no lugar um do outro, os dois se sentirão tratados injustamente. Podem achar que o outro não o ama ou que não valoriza seus esforços para levar adiante a família – empenho necessariamente compartilhado entre homem e mulher. Ambos se sentem magoados e, se não forem humildes, permanecerão convencidos de que apenas seu ponto de vista é correto.

No fundo, ambos estão parcialmente errados e certos. Ele negligencia os detalhes afetivos quando, por exemplo, o café da manhã ou a noite se tornam apenas, sem espaço para o diálogo possível, um momento de ler atentamente o jornal ou assistir a um bom programa esportivo na televisão; ela, por sua vez, esquece que existem diversos espaços lúdicos para amortecer o peso de uma jornada de trabalho estressante. Se eles persistirem em falar línguas diferentes, os mal-entendidos aumentarão. Ele não saberá ler nas entrelinhas e explicará a ofensa de que é objeto com argumentos cerebrais. Ela verá que ele interpreta mal suas mensagens e reafirmará sua impressão de não ser correspondida. Marido e mulher confundirão incompreensão com falta de amor, esquecendo-se das intuições e sutilezas que enriquecem a convivência.

É difícil redirecionar uma situação deteriorada. Também aqui é mais importante prevenir do que remediar, isto é, detectar a tempo que a confiança está se rompendo. Se você sabe de antemão que isso pode acontecer e luta contra a rotina, fica mais fácil se antecipar. Um dos termômetros da confiança feminina no amor masculino é a abertura a trocas afetivas. Um marido pode se dar conta da desconfiança de sua esposa quando observa que ela se mostra relutante em relação a todos os tipos de intimidades físicas. A mulher, ao contrário da tendência de alguns homens, não costuma separar amor e sexo[79]. Se ela não se sente amada, é como se seu corpo se bloqueasse. No início do relacionamento, quando essa confiança estava intacta, qualquer detalhe afetuoso provocava um abraço. Se, ao longo dos anos, o marido observa que sua esposa nem mesmo se permite segurar sua mão, deve reconhecer por meio desses gestos não verbais que a confiança se deteriorou.

Quando a crise se torna crônica, é preciso muita humildade e compreensão para resolvê-la. A humildade faz o indivíduo perdoar e reconhecer os próprios erros, pois «a causa de todos os males e angústias é que ninguém quer se acusar a si mesmo»[80]. Os cônjuges poderiam redirecionar a situação se entendessem que, afinal, ainda se amam. «Os opostos se atraem», costuma-se dizer, embora não estejam necessariamente unidos. Alguns, no fundo, brigam porque se amam. Se fossem indiferentes, as discussões não durariam muito. E, precisamente porque se amam, eles podem se machucar muito quando discutem. Se levarmos em conta os resíduos deixados pelo orgulho e pelas feridas

---

(79) Nisso a mulher tem razão: separar amor e sexo implica entrar numa dinâmica utilitária inadequada ao amor verdadeiro, bastante típica do mundo da prostituição. É assim que a moral matrimonial da Igreja Católica é mais bem compreendida.

(80) São Doroteu, *Doutrinas*, livro 7, PG 88, p. 1698.

acumuladas, o caminho para recuperar a harmonia é tortuoso, mas é possível com o perdão e o reconhecimento do amor alheio.

A indiferença é o último estágio da deterioração do relacionamento amoroso. Se a rotina e os mal-entendidos não forem sanados, chegará um momento em que toda a ressonância afetiva desaparecerá, ao menos em um dos cônjuges. Evelyn Waugh descreve isso com toda a crueza num de seus romances: «Eu tinha representado todas as cenas do drama conjugal, tinha visto como as primeiras brigas se tornaram cada vez mais frequentes, como as lágrimas afetavam menos, como as reconciliações eram menos doces, até que tudo isso gerava um sentimento de distanciamento e indiferença crítica, bem como a crescente convicção de que o culpado não era eu, mas a pessoa amada. Percebia a discórdia em sua voz e aprendi a ouvi-la com desconfiança; captei a incompreensão afiada e ressentida em seus olhos e o sorriso teimoso e egoísta no canto de seus lábios. [...] O encantamento havia acabado, e agora eu a via como uma estranha antipática a quem me tinha unido inextricavelmente num momento de loucura»[81].

Observe que o protagonista da história acha que apenas sua esposa é a culpada. Isso acontece com bastante frequência, e é uma das razões pelas quais é tão complicado, delicado e perigoso avaliar a *responsabilidade moral* numa crise conjugal: complicado devido aos muitos fatores em jogo; delicado porque a proximidade impede a imparcialidade; e perigoso porque sempre nos faltam dados. Seríamos injustos se não reservássemos todo juízo definitivo a Deus.

---

(81) Evelyn Waugh, *Retorno a Brideshead*, Tusquets, Barcelona, 1993, p. 18.

De qualquer forma, diante de um desfecho tão infeliz, parece inevitável questionar o que se passara. Mesmo que seja apenas para compreendê-lo e ganhar experiência, é aconselhável questionar os motivos desse desenlace, como aquilo poderia ter sido evitado e se é moralmente correto que duas pessoas em pleno conflito conjugal rompam definitivamente um vínculo que os unira para o resto da vida. Vimos que as crises do casamento surgem quando a qualidade do amor e da comunicação falha. Para saber como evitar que isso aconteça e se a ruptura do vínculo conjugal é eticamente aceitável, deve-se dar mais um passo nessa análise. Portanto, detenho-me nos três elementos essenciais para o progresso no amor: querer, saber e poder. Esse esquema simples fornece-nos as ferramentas necessárias para esclarecer as delicadas questões que surgiram.

Querer, saber e poder

Para coroar com sucesso qualquer empresa moral, contamos com três apoios: boa vontade (*querer*), uma formação adequada (*saber*) e capacidade (*poder*). A mesma coisa se dá com o amor de qualidade. Para que avance, não basta o esforço volitivo. Precisamos também de uma série de conhecimentos e de certa capacidade, ligada à saúde mental, sem as quais esse ideal seria inacessível[82]. Por outro lado, esse mesmo esquema também permite identificar as três possíveis causas do mal moral: *má vontade, ignorância* e *incapacidade*. Os melhores ideais são malogrados por falta de vontade, de formação ou de idoneidade. Na prática, os três elementos costumam aparecer mesclados; a situação

---

(82) Como veremos (Cf. II, 1), sem a ajuda da graça de Deus não é possível alcançar uma qualidade alta de amor.

raramente é branca ou preta: em geral, é bastante cinza. Eis por que é tão difícil estabelecer responsabilidades morais em casos específicos. No entanto, em termos gerais, podemos afirmar que o uso indevido da liberdade é culposo, que a incapacidade é irrepreensível e que a ignorância pode ser tanto uma coisa quanto outra na medida em que sejam superáveis ou invencíveis. Numa crise matrimonial, por exemplo, sempre há alguma ignorância. São raros os casos em que tudo é incapacidade ou má vontade.

Para poder ser feliz depois de assumir um compromisso irrevogável, é preciso progredir na qualidade do amor. Ou seja, deve-se perseverar no esforço, adquirir a formação necessária e ter boa saúde mental. No casamento, se faltasse o terceiro elemento, a idoneidade, o vínculo matrimonial não poderia ser estabelecido de forma válida. Existem, de fato, certas patologias psíquicas que produzem incapacidade de assumir as obrigações essenciais do casamento, caso em que o pacto conjugal é nulo.

Por outro lado, o vínculo validamente contraído é, por sua própria natureza, indissolúvel. Compartilhar tudo e constituir família exige uma aposta forte, nem que seja para se proteger de caprichos futuros. Todavia, ninguém é obrigado a fazê-lo. Por isso, num ato de confiança mútua e de exercício da liberdade, os contratantes comprometem-se por toda a vida a ser marido e mulher. Dizer, portanto, «minha ex-mulher» ou «meu ex-marido» é tão ilógico quanto dizer «meu ex-filho». Um casamento entre pessoas idôneas só pode fracassar por falta de vontade ou ignorância, e ambas têm solução. Os esposos hão de se empenhar em perseverar na vontade de aprender a amar-se bem. «Dizer "eu não te amo mais" carece de sentido num relacionamento interpessoal, ao passo que afirmar "eu me esforço para te amar dia após dia" implica liberdade e responsabilidade, maturidade pessoal e uma comunidade de vida infatigável»[83]. Se um dos cônjuges parasse de tentar, quebraria a promessa que fizera livre e solenemente e deixaria o outro, que prometera cumprir a sua, em situação deplorável. Eis por que o divórcio é moralmente inadmissível. O caso da separação física dos cônjuges, no entanto, é muito diferente, e há momentos em que as circunstâncias o tornam aconselhável e até necessário.

Os que estão passando por crises no casamento merecem a maior compreensão, mas nunca às custas de *mascarar* a imoralidade que é quebrar um compromisso assumido livre e validamente. Além disso, deixando de lado as considerações éticas, essa ruptura não constitui a melhor solução, pois os problemas sempre podem ser resolvidos, a menos que falte boa vontade ou não haja aconselhamento adequado.

Nessas circunstâncias dolorosas, porém, os envolvidos muitas vezes tomam o caminho mais rápido. Em vez de enfrentar o árduo trabalho de redirecionar a situação, preferem achar, por exemplo, que fizeram uma escolha errada. Culpam o outro cônjuge pelo fracasso e não se detêm na causa real. Se não resolverem o problema subjacente, ao entrar num novo relacionamento é bem possível que as mesmas dificuldades apareçam. Pode acontecer com eles a mesma coisa que se passou com aquele que foi casado cinco vezes e, ao chegar à velhice, percebeu que poderia ter sido feliz com cada uma das cinco mulheres. No fim, notou que seu verdadeiro problema estava em sua deficiente capacidade de amar.

Também se deve lembrar que a ruptura do casamento envolve certa responsabilidade social. O mau exemplo de

---

(83) Johannes B. Torelló, *Psicologia aberta*, Quadrante, São Paulo, 1987.

quem joga a toalha torna mais fácil para os outros fazerem o mesmo. Da mesma forma, acaba ajudando a espalhar, como vemos hoje, essa mentalidade de divórcio que se dissemina como uma praga. O bombardeio da mídia e o pensamento fraco de hoje insistem em falar em mal menor ou em que as consequências que os filhos pagarão são inevitáveis ou mínimas. Por outro lado, a sociedade talvez até tolerasse a infidelidade no passado, mas não a tornou, por lei, um direito. No século XVI, a fim de proteger as partes contratantes, foram editadas leis proibindo o casamento clandestino. Hoje, atingimos uma incerteza jurídica sem precedentes: o número de pessoas afetadas pelo divórcio disparou e as leis, ao se adaptarem a essa dolorosa situação, deixaram de proteger os que decidem optar livremente por uma união insolúvel. Há países em que o casamento é o contrato mais fácil de quebrar. Não é preciso nem mesmo fornecer evidências: basta que uma das partes o deseje. Em muitas partes, apenas a Igreja garante o compromisso vitalício. Não obstante, à medida que a cultura do *casamento experimental* molda as mentes, o número daqueles que se casam invalidamente aumenta porque pretendem recorrer ao divórcio se surgirem dificuldades. Muita coisa mudou no Ocidente desde que, em meados do século XX, os primeiros filmes que admitiam a possibilidade de divórcio causaram escândalo[84]. O cinema costuma refletir casos limítrofes em ambientes nos quais a possibilidade de iniciar um processo de nulidade brilha por sua ausência.

De todo modo, para os que têm dificuldades em perseverar no casamento, devem ser oferecidas soluções em

---

(84) O primeiro a fazê-lo foi provavelmente *Os melhores anos de nossas vidas*, que ganhou o Oscar de melhor filme em 1946.

vez de juízos. Em última análise, essas considerações também se aplicam a outros compromissos amorosos, como a vocação de entrega a Deus. Aos que não se sentem felizes numa dessas situações, pode-se dizer, com razão, que algo está errado na intensidade e na qualidade de seu amor. Porém, em vez de apenas culpá-los, é preferível ajudá-los a descobrir por que não conseguem amar mais e melhor. Talvez lhes falte boa vontade, mas também é possível que tenham proposto algo que excede sua capacidade (falta de idoneidade), ou que exista ignorância a respeito dos meios humanos e sobrenaturais. Portanto, não seria justo culpar sistematicamente a falta de empenho da pessoa interessada. Já vimos[85] que há pessoas com muito boa vontade, e até mesmo muito sacrificadas, que não irradiam alegria porque, sem se dar conta, dedicam-se a partir de uma perspectiva voluntarista. Em vez de serem repreendidos por sua tristeza, deveriam ser ensinados a renovar a própria paixão e a cultivar uma autoestima humilde. Em suma, o olhar misericordioso deve sempre prevalecer. «Deixe que a indulgência e a caridade», disse Max Jacob, «corrijam o julgamento excessivamente rígido. Essa mescla de piedade e justiça é o pano de fundo do talento cristão»[86].

---

(85) Cf. I, 2.
(86) Max Jacob, *Consejos a un joven poeta*, Rialp, Madri, 1975, p. 37.

III
A atitude ideal em relação a si mesmo

A humildade não consiste em desvalorizar-se

No capítulo anterior, ficou claro que o orgulho prejudica todas e cada uma das qualidades do amor ideal. Observamos, em primeiro lugar, que um mau relacionamento consigo mesmo obscurece a retidão de intenção e é um obstáculo para a liberdade interior. Depois, ao entrarmos no mundo da afetividade, constatamos que o respeito à liberdade da pessoa amada também sofre: uma autoestima baixa potencializa o desejo possessivo e compromete o desprendimento afetivo. Por fim, a análise do voluntarismo mostrou que a generosidade na hora do sacrifício também pode se deteriorar em razão do orgulho. Como a autoestima humilde tem se mostrado tão importante – tanto para evitar problemas quanto para desfrutar da felicidade que o amor de alta qualidade proporciona –, chegou o momento de nos aprofundarmos na atitude ideal para consigo mesmo. A fim de determinar no que consiste essa atitude, é preciso começar dissipando alguns mal-entendidos sobre a humildade a que aludimos no início destas páginas[1]. Convém que tracemos algumas distinções ao tratar dessa virtude decisiva. Seria uma pena se, depois de nos esforçarmos para adquiri-la, descobríssemos que esteve mal enfocada.

A humildade é a virtude que assegura uma atitude positiva e realista para consigo mesmo. É já tradicional contrapor humildade a um tipo de orgulho que chamamos de soberba. A soberba, na medida em que leva a exagerar a própria excelência, aumenta a presunção de se julgar superior aos demais. É humilde, por sua vez, quem sabe se rebaixar (humildade vem do termo latino *humus*, que significa solo), mas rebaixar-se, saber estar no lugar a que se pertence, não deve levar a um autodesprezo prejudicial. Se isso acontecesse, estaríamos lutando contra um defeito e, ao mesmo tempo, incorrendo em outro. A humildade está ligada à verdade. Não nos convém avaliar nem acima nem abaixo do que somos. Devemos aprender a nos valorizar tal qual somos.

Talvez porque a humildade seja o oposto da soberba, há quem pense erroneamente que convém promover uma autoestima baixa a todo custo. Esse erro leva a confundir a verdadeira humildade, que nasce do conhecimento próprio, com uma opinião negativa sobre si. Algo assim aconteceu com Henri Nouwen em sua vida cristã. «Por muito tempo», admite ele, «considerei a autoestima baixa uma virtude. Fui tão advertido contra o orgulho e a presunção que passei a achar que desprezar a mim mesmo era

---

(1) Cf. I, 1.

bom. Agora, no entanto, percebi que o verdadeiro pecado consiste em negar o amor de Deus por mim, ignorar meu valor pessoal. Com efeito, sem reclamar para mim esse primeiro amor e esse valor, perco o contato com meu verdadeiro eu e começo a procurar nos lugares errados o que só é possível encontrar na casa do Pai»[2].

A humildade é um encontro com a verdade. É importante educar todo tipo de gente nessa virtude, mas talvez ainda mais aqueles que tendem a se subestimar. Se, ao educar uma pessoa insegura, insiste-se com ela em que seu único problema é a arrogância, corre-se o risco de tirar a pouca autoestima que lhe resta, quando o objetivo deveria ser, antes de mais nada, que ela aprendesse a se conhecer, a aceitar-se e se amar como é. É como lembrar à pessoa tímida que ela ficou corada. Não seria mais eficaz ajudá-la a minimizar o fato? Só assim poderá se abrir mais facilmente aos outros e não se afastará de si mesma, eliminando qualquer perspectiva de amor. Insistir na humildade, entendida apenas como modéstia, pode levar ao desânimo.

A verdadeira humildade exclui a angústia ou o medo, abatimentos que assombram a alma que não aceita as próprias limitações e se torna autoconsciente do desafio representado por seu valor e suas possibilidades. Certamente, se seguirmos o exemplo e ensinamento de Cristo[3], teremos o prazer de nos colocar abaixo do nível que naturalmente nos corresponde, mas sem perder o horizonte de nossa própria dignidade. Não se trata de abrir mão de direitos por covardia ou por sentimento de inferioridade, mas de colocar-se ao serviço dos outros, com liberdade, esquecen-

---

(2) Henri J. Nouwen, *El regreso del hijo pródigo*, p. 116.
(3) Cf. Lc 14, 7-11.

do-se do próprio valor e abandonando-se felizmente nas mãos de Deus. É por isso que a humildade exige um bom relacionamento consigo mesmo, o qual evita, no plano pessoal, tanto que o indivíduo exagere as próprias virtudes quanto que aumente os próprios defeitos. Esse bom relacionamento, ademais, quando projetado aos outros, contribui para evitar tanto a arrogância como a falsa modéstia. «Uma pessoa», afirma-se num romance de Jane Austen, «pode ser orgulhosa sem ser arrogante. O orgulho se refere mais à nossa opinião sobre nós mesmos; a arrogância, ao que desejamos que os outros pensem de nós»[4]. Ser humilde é muito mais do que se comportar de maneira humilde; é, antes, um apelo por uma atitude de fôlego.

Se a humildade é erroneamente entendida como o hábito de se desvalorizar, corre-se o risco de ocultar sob aparência de virtude algo que, no fundo, tem a mesma raiz: o orgulho. Pode até acontecer que o orgulho oculto por trás da falsa modéstia seja mais corrosivo do que a arrogância. Georges Bernanos reflete isso com precisão na peça *Diálogo das carmelitas*. Uma das jovens religiosas sente repentinamente o desejo de se esconder e desaparecer a fim de poder prosseguir com humildade. Assim o expressa à madre superiora: «Tudo que desejo é passar despercebida...». A resposta é uma reflexão carregada de sabedoria sobre a realidade que a aspiração da jovem pode esconder: «Sim! Isso só se consegue com o tempo, e querer com veemência excessiva não facilita as coisas [...]. Oh, sim! Você deseja ardentemente ocupar o último lugar. Desconfie também desse desejo, filha... Quem quer se rebaixar demais corre o risco de se exceder. Pois na humildade, como em tudo,

---

(4) Jane Austen, *Orgullo y prejuicio* [Orgulho e preconceito], Plaza & Janés, Barcelona, 1997, p. 27.

o excesso engendra o orgulho, e esse orgulho é muito mais insidioso e perigoso do que o do mundo, que muitas vezes não passa de vanglória»[5].

A humildade é a verdade entre dois extremos

Anos atrás, deparei-me com um livro de Mark Kinzer, judeu convertido ao cristianismo[6]. Ele começava com uma anedota sobre o desvario que provocara num de seus amigos, converso como ele, certa interpretação do texto em que São Paulo aconselha a humildade de se considerar menor que os outros[7]. Tomando o conselho do apóstolo sobre o espírito de serviço fora do contexto, aquele homem concluiu que a melhor maneira de colocá-lo em prática era convencendo-se a si mesmo de que todos os outros eram melhores do que ele. Essa ideia, que aplicava sempre que encontrava alguém, tornou-se uma obsessão, e o resultado não poderia ser mais lamentável: em primeiro lugar, ele ficou impressionado com a impossibilidade de colocá-lo em prática, pois conheceu «muitas pessoas que, do ponto de vista objetivo, não pareciam ser melhores do que ele»; além disso, acabou por perceber que «nunca havia passado tanto tempo pensando em si mesmo e se comparando com os outros»[8].

A humildade é a arte de nos valorizarmos e nos olharmos qual somos, sem paliativos, assumindo nossas qua-

---

(5) Georges Bernanos, *Diálogos de carmelitas*, Plaza & Janés, Barcelona, 1976, p. 31.
(6) Cf. Mark Kinzer, *The Self-Image of a Christian. Humility and Self-Esteem*, Servant Books, Michigan, 1980.
(7) Cf. Fl 2, 3.
(8) Mark Kinzer, *The Self-Image of a Christian*, pp. 15-16.

lidades e limitações. O orgulho, por outro lado, nos faz pôr óculos que distorcem a realidade, de modo que pensamos valer mais ou menos do que valemos de fato, o que por sua vez se transforma numa atitude enganosa no relacionamento com os outros. O homem humilde vive em harmonia consigo mesmo e com as pessoas ao seu redor. Tem consciência de uma dignidade que nada nem ninguém lhe pode tirar. À medida que se esforça para aprimorar a si mesmo, ama-se pelo que é e permite que os outros o corrijam e julguem. O orgulhoso, por outro lado, vive em conflito permanente consigo mesmo, o que turva sua relação com os outros. As variantes são inúmeras: da reivindicação de uma atenção excessiva ao desejo mórbido de ter boa aparência.

Os extremos se tocam. Há aqueles que se vangloriam e são muito seguros de si, mas em seu íntimo tremem com a mesma intensidade do que os que dificilmente se atrevem a levantar a voz. O orgulho que leva alguns a ser fanfarrões conduz outros a uma contenção doentia, por medo de fazerem papel de bobos.

A tendência aos extremos opostos é frequente em nossa natureza frágil. Veja, por exemplo, como os bêbados se comportam. Alguns agem como se fossem heróis e outros permanecem abatidos[9]. Existe uma doença mental (o transtorno bipolar) em que períodos de euforia se alternam com períodos de depressão. As pessoas saudáveis, ademais, também apresentam flutuações de humor. Quem já não teve dias em que se levanta exuberante e dias em que tudo parece difícil? No entanto, tudo isso tem pouco a ver com o exercício da liberdade. No plano moral, todos nós, em-

---

(9) São Paulo aconselha julgar-se com sobriedade (cf. Rm 12, 3). Observe que *sóbrio* se opõe a *bêbado*.

bora em graus diferentes, achamos difícil julgar com sobriedade. Aqui, o jogo dos extremos leva a distinguir *dois tipos de orgulho*: o *envaidecimento* e a *autorrejeição*. Ambos escondem a mesma ausência de autoestima humilde.

Nouwen explica isso claramente ao escrever: «Com o passar dos anos, percebi que o perigo mais importante para nossa vida não é tanto o sucesso, a popularidade ou o poder, mas a autorrejeição. É claro que as tentações do sucesso, da popularidade ou da prepotência são relevantes, mas nossa vulnerabilidade diante delas depende da medida em que consentimos em outra tentação mais séria, a dessa autorrejeição. Se ouvimos aquelas vozes a sussurrar que não temos dignidade e que ninguém nos ama, caímos na armadilha da autorrejeição e, consequentemente, somos seduzidos pelo halo do sucesso, da popularidade ou da prepotência, buscando nisso a apreciação de que sentimos falta. [...] Você pode achar que a arrogância é uma tentação maior do que a autorrejeição. Mas arrogância e autorrejeição não são o verso e reverso da mesma moeda? Arrogância não é colocar-se num pedestal para evitar que os outros o vejam como realmente é?»[10].

O problema da desvalorização, em suas muitas variantes, é mais frequente do que pensamos. Também ocorre naqueles que têm grandes qualidades e, no entanto, graças a um melhor conhecimento de si mesmos, detectam que seu nobre desejo de aperfeiçoamento está enraizado em certa tendência oculta a uma autoestima baixa. «Sempre fiquei impressionado», acrescenta Nouwen, «ao encontrar homens e mulheres com talento inegável e realizações gratificantes que duvidam do próprio valor. Em

---

(10) Henri Nouwen, *Een parel in Gods ogen*, Lannoo, Tielt, 1992, pp. 23-24.

vez de considerar seus sucessos como sinais de beleza interior, eles os veem como disfarce para sua baixa autoestima. Não poucos me confessaram: "Se as pessoas soubessem o que está dentro de mim, parariam de me aplaudir e elogiar"»[11].

Com muita sinceridade, Mark Kinzer fala sobre si mesmo: «Nunca achei que a autorrejeição fosse meu problema. Se tinha um problema, minhas dificuldades e defeitos iam na outra direção: excesso de confiança, segurança em mim mesmo e soberba. Sempre tirei notas muito boas na escola, e nunca me faltaram bons amigos. Manifestava claramente minhas opiniões e aceitava com prazer o desafio de um bom debate. Em meu trabalho, era um perfeccionista: se Mark Kinzer faz isso, com certeza é bem-feito. Também nutria grandes ambições acerca do meu futuro. [...] Tudo parecia estar ao meu alcance. Quando me tornei cristão, ficou claro para mim que precisava renunciar à minha velha soberba, ao perfeccionismo e à ambição. Durante anos, lutei contra essas tendências, lamentando-me continuamente. Por fim, um cristão mais velho do que eu e de comprovada sabedoria disse-me que meu problema talvez fosse algo mais do que uma simples questão de ambição e soberba. Ele terminou me dizendo: "Acho que você sofre de falta de confiança em si mesmo e de um desejo excessivo de aprovação e segurança". Eu fiquei paralisado. Seria possível atribuir, em parte, meu fervoroso desejo de excelência a um desejo de autoafirmação? Pensando em minha vida, percebi que, de fato, era esse mesmo o caso. Não só tinha de me arrepender de minha ambição, mas também precisava crescer

---

(11) *Idem, El regreso del hijo pródigo*, pp. 116-117.

na consciência de ser um filho de Deus que não precisa afirmar a si mesmo diante de seu Pai»[12].

O esquecimento de si mesmo e os autoenganos

Na prática, a pedra de toque da verdadeira humildade está naquele *autoesquecimento* espontâneo que tanto facilita a entrega abnegada aos outros. «Não ache», observa Lewis, «que, se você encontrar um homem realmente humilde, ele será o que a maioria das pessoas chama de "humilde" hoje em dia. Ele não será o tipo de pessoa untuosa e reverente que fica dizendo que, é claro, não é ninguém. Certamente o que você pensará dele é que se trata de um homem alegre e inteligente que pareceu realmente interessado no que *você* estava lhe dizendo. Se não gosta dele, é porque sente certa inveja de alguém que parece aproveitar a vida com tanta facilidade. Esse homem não ficará refletindo sobre humildade: não pensará, de modo algum, em si mesmo»[13]. Não se trata, portanto, de dizer que alguém não vale nada ou de defender teimosamente que vale muito, mas tão somente de não se preocupar com a própria autoestima ou com a dos os outros. É contraditório afirmar que se é humilde e, paralelamente, esforçar-se por demonstrá-lo.

Uma compreensão errônea da humildade às vezes torna difícil o esquecimento de si. Isso se torna evidente quando alguém assume, como uma falsa obrigação derivada da virtude, que vale menos do que vale. Na verdade, quem o faz gira sobre si mesmo num exercício de menos-

---

(12) Mark Kinzer, The *Self-Image of a Christian*, pp. 18-19.
(13) C. S. Lewis, *Mero cristianismo*, pp. 140-141.

prezo permanente. O mesmo acontece com os presunçosos. Quando Lewis relata, com grande senso de humor, as táticas do diabo para tentar os homens, põe este conselho malicioso na boca de um demônio: «Você deve esconder do paciente o verdadeiro propósito da humildade. Que ele pense que não é um esquecimento de si mesmo, mas uma espécie de opinião (na verdade, uma opinião ruim) sobre seus próprios talentos e caráter. Algum talento, suponho, ele realmente terá. Ponha na cabeça dele a ideia de que a humildade consiste em tentar acreditar que esses talentos são menos valiosos do que ele pensa que são. [...] Por esse método, milhares de humanos foram levados a achar que humildade é o mesmo que mulheres bonitas achando que são feias e homens inteligentes acreditando que são estúpidos. E, uma vez que o que estão tentando acreditar pode ser, em alguns casos, manifestamente absurdo, não conseguem acreditá-lo de fato, e nisso temos a oportunidade de manter suas mentes girando continuamente em torno de si mesmos»[14].

Em geral, diante de uma mentira, a inteligência protesta. Porém, se o autoengano se torna habitual, acaba-se por assumir algum erro. Como diz o ditado, «quem não vive como pensa acaba pensando como vive». Na raiz dessa deterioração moral progressiva, muitas vezes encontra-se a falta de sinceridade consigo mesmo e o distanciamento de Deus. «O homem começa questionando a lei de Deus em sua consciência e termina sem lei, sem Deus e sem consciência»[15]. Chama a atenção que aqueles que frequentemente confessam seus pecados geralmente sabem o que

---

(14) *Idem, Cartas del diablo a su sobrino*, Rialp, Madri, 2008, p. 71.
(15) Pilar Urbano, *La madre del ajusticiado*, p. 38.

confessar, enquanto os que nunca o fazem não sabem o que deve ser confessado.

«Quando um homem», observa Lewis, «fica melhor, entende mais claramente o mal que ainda permanece dentro dele. Quando fica pior, entende cada vez menos seu mal. Um homem moderadamente mau sabe que não é muito bom: um homem totalmente mau pensa que boníssimo. No fundo, é tudo questão de bom senso. Entendemos o sono quando estamos acordados, e não enquanto dormimos»[16].

O autoengano pode ir muito longe. «Fora das prisões», diz certa testemunha dos horrores vividos nos campos de concentração comunistas, «muitos homens da Segurança do Estado costumavam se comportar com grande confiança em si mesmos, dizendo coisas como: "Nunca fiz mal a ninguém em toda a minha vida. Talvez eu tenha inadvertidamente deixado de ajudar alguém". Parece quase uma ironia, mas isso vem caracterizando a maioria dos sádicos»[17]. Quem se engana habitualmente acaba acreditando nas próprias mentiras, e mesmo toda a sua vida pode terminar como uma fábula extraordinária. «O homem que mente para si mesmo e ouve as próprias mentiras», adverte Dostoiévski, «encontra-se em tal situação que não sabe ver a verdade em si ou ao seu redor, e nisto perde a própria estima e o respeito de outros»[18]. Essa é a triste constatação da deterioração moral a que leva o orgulho. Lewis o demonstra com toda a crueza

---

(16) C. S. Lewis, *Mero cristianismo*, p. 108.
(17) Ignacio Socias, *Sin miedo a la verdad. Conversaciones con Silvester Krcméry*, Palabra, Madri, 1999, p. 144.
(18) Fiódor Dostoiévski, *Los hermanos Karamazov* [Os irmãos Karamázov], Mateu, Barcelona, 1960, p. 37.

num de seus livros[19], em que identifica o inferno com o autoengano em grau máximo. O orgulho levaria muitas das pessoas que o habitam a um tal desconhecimento de si mesmos que nada de seu *verdadeiro eu* permaneceria. No final de suas vidas, totalmente afastados da realidade, somente um *falso eu* subsistiria. Na vida, porém, enquanto a consciência continuar sussurrando que o autoengano existe, haverá esperança de salvação; afinal, significa que ainda existe algo do *verdadeiro eu*.

No drama do autoengano, a primeira coisa que se perde é a consciência; depois, a cabeça, o entendimento. Um eloquente trecho de uma peça de Jacinto Benavente serve de ilustração. Quando o astuto Crispín propõe ao bom Leandro que traia por amor, ele responde: «Não posso me enganar, Crispín. Não sou daqueles homens que, quando vendem a consciência, acreditam que também estão vendendo o entendimento». Crispín responde-lhe, muito próximo da realidade: «Por isso é que lhe disse que você não era bom para a política. Como você diz, o entendimento é a consciência da verdade, e quem a perde entre as mentiras da sua vida é como se se perdesse, pois nunca mais se encontrará ou se conhecerá, e ele mesmo se tornará outra mentira»[20].

Humildade e personalidade

A correta compreensão da humildade cristã é importante para o desenvolvimento equilibrado da personali-

---

(19) Cf. C. S. Lewis, *El gran divorcio. Un sueño*, Rialp, Madri, 2008.
(20) Jacinto Benavente, *Los intereses creados*, Biblioteca Básica Salvat, Madri, 1970.

dade, na medida em que ajuda a evitar o autoengano e favorece a paz interior e o esquecimento de si mesmo. É também uma fonte de maturidade e liberdade interior que enriquece a identidade pessoal. No entanto, uma visão simplista ou errônea dessa virtude pode levar a interpretá-la de maneira equivocada como um obstáculo às características que definem nosso modo de ser. É verdade que Jesus Cristo nos pede para negar a nós mesmos, mas *morrer para si mesmo*, se entendido corretamente, não implica a perda da personalidade. Antes, o bom cristão encontra-se em Deus porque sabe que é amado por Ele tal como é. Vem daí a humilde autoestima que lhe permite morrer para si mesmo, no sentido de morrer para seu orgulho. E essa consciência da própria dignidade permite-lhe se dar aos outros com grande liberdade interior. Em última análise, o Amor de Deus o liberta dos problemas pessoais para que possa estar na posição de dedicar suas energias aos outros. Nas palavras de Johannes Torelló, «a intervenção divina na existência histórica dá origem à *theia mania*, à loucura divina, o "estar fora de si mesmo" próprio dos homens verdadeiramente grandes, e que não é de modo algum destruição da identidade pessoal, mas algo que a expande quase ao infinito, a fim de conduzir o homem à sua plenitude»[21].

O homem encontra seu verdadeiro *eu* entregando-se por amor a um *você*. «Pois onde eu sou teu é quando sou completamente meu», lê-se num soneto de Michelangelo a Vittoria Colonna[22]. O amante ideal se esquece de si a fim

---

(21) Johannes B. Torelló, «Pazzo d'amore», em *Studi Cattolici*, VII-VIII, 1993, p. 421.
(22) Em Gertrud von Le Fort, *La mujer eterna*, Rialp, Madri, 1965, p. 88.

de contribuir para a felicidade da pessoa amada. Segundo essa perspectiva, faz todo sentido *morrer para si mesmo por amor*. Trata-se de enterrar o próprio egoísmo no intuito de *entregar o eu, imolá-lo, mas não suicidá-lo*. «Psicológica e metafisicamente», observa Thibon, «a imolação se situa nos antípodas do suicídio. Imolar-se não é saltar para além *da* vida, mas para além da *minha* vida em tudo o que ela tem de limitado e fechado. O sacrifício supremo só pode ser concebido como uma quebra dos limites, uma abertura absoluta – não a morte de si, mas sua transmutação total em amor...»[23]. A livre entrega por amor requer, portanto, uma boa dose de autoestima humilde, força e magnanimidade. Aqui o humano e o divino se encontram. É o amor e a autodeterminação de Deus que tornam possível a notabilíssima façanha que é a alta qualidade do amor. Quem, com a ajuda divina, *perde* a vida por amor ganha-a não só nesta vida – uma vez que atinge sua verdadeira meta: realizar-se no amor –, mas também na outra[24]. «Possuireis vossas almas», prometeu Cristo aos que lhe eram fiéis, «negando-se a si mesmos por amor»[25].

A importância de ser *você mesmo* – algo de que tanto se fala hoje – não entra em conflito com o ideal cristão: Deus é o primeiro que deseja e permite que não sejamos traidores de nossa própria identidade. Lewis coloca este conselho na boca de um demônio astuto, numa carta a outro demônio menos habilidoso: «Sei, é claro, que o Inimigo também deseja afastar os homens de si mesmos, mas em outro sentido. Lembre-se de que Ele gosta muito des-

---

(23) Gustave Thibon, *La crisis moderna del amor*, p. 48.
(24) Cf. Lc 9, 23-25.
(25) Cf. Mc 8, 34-37.

ses vermes e que dá um valor absurdo à individualidade de cada um. Quando fala em que percam seu *eu*, quer dizer apenas que abandonem o clamor de sua própria vontade. Uma vez que isso seja feito, Ele realmente lhes devolve sua personalidade plena e finge (receio que sinceramente) que, quando forem dEle por completo, serão mais *eles mesmos* do que nunca. Portanto, embora adore ver até mesmo os desejos mais inocentes deles sacrificados à Sua vontade, Ele odeia vê-los se desviar do próprio caráter, qualquer que seja o motivo. E sempre temos que induzi-los a fazer isso. Os gostos e inclinações mais profundos do homem são a matéria-prima que o Inimigo lhes dá. Afastar o homem desse ponto de partida é sempre, portanto, algo a nosso favor»[26].

Essa abordagem bate de frente com aqueles que desejam esquecer-se de si, mas às custas de si próprios. Nessa linha, certos autores ateus afirmam que o cristianismo levaria o homem à despersonalização. Eles teriam alguma razão se a máxima cristã de negar-se a si mesmo fosse interpretada como convite à traição ou ao servilismo típico de quem carece de liberdade interior. Pelo contrário, o cristianismo é uma fonte inesgotável de grandeza de espírito e liberdade interior – e, se isso não acontece, é porque a mensagem cristã não foi ensinada corretamente ou foi mal compreendida. «Encanta-me», diz São Josemaria. «Mas revolta-me o encolhimento acarneirado e inconsciente de alguns cristãos, que assim desprestigiam a Igreja. Neles deve ter reparado aquele escritor ateu, quando disse que a moral cristã é uma moral de escravos»[27]. Aquele

---

(26) C. S. Lewis, *Cartas del diablo a su sobrino*, pp. 66-67.
(27) Josemaria Escrivá, *Sulco*, n. 267.

«escritor ateu», talvez Nietzsche, não conseguiu conciliar liberdade e entrega. E o medo de perder a *autonomia legítima* leva muitas pessoas a reafirmar a própria independência às custas de toda *dependência amorosa*. São «livres», mas não amam ninguém. São Josemaria completa assim sua reflexão: «Realmente, somos servos: servos elevados à categoria de filhos de Deus, que não desejam comportar-se como escravos das paixões».

Ninguém é tão livre quando se sujeita a uma vontade alheia como o bom cristão. Uma pessoa de vida exemplar escreveu a seguinte afirmação, que se presta a equívocos, mas sintetiza a liberdade dos filhos de Deus: «No fundo, nunca me rebaixei, a não ser diante de Deus ou em nome de Deus. Se é verdade que, enquanto contemplo Deus, o meu *eu* já não existe, também é verdade que não abdica diante de mais ninguém»[28]. Ela ilustra de que modo o bom cristão combina a humildade com uma autoconfiança saudável. No fim das contas, o perigo não é ter uma personalidade forte, mas cair na autossuficiência de pensar que Deus ou os outros não são necessários.

Duas atitudes em relação a si mesmo e aos demais

Recapitulando o que se disse anteriormente, vimos que a atitude ideal para consigo mesmo não engloba o autoengano e enfatiza em igual medida a personalidade, o esquecimento de si próprio e a paz interior. Para nos referir a essa atitude realista e positiva, até aqui usamos o termo

---

(28) Em Henri Caffarel, *Camille C. ou l'emprise de Dieu*, Feu Nouveau, Troussures, 1982, p. 321.

«autoestima humilde», enquanto o termo «orgulho» serviu para designar a atitude oposta. Agora, ao investigarmos a relação entre o amor que recebemos, temos e doamos, introduzimos dois novos termos que se relacionam com o pensamento dos autores clássicos: *amor puro de si mesmo* e *amor-próprio*.

Na verdade, os autores antigos já falavam dessas questões, embora não com as mesmas expressões. Santo Agostinho, por exemplo, assinala que, «se não sabes amar a ti mesmo, também não saberás amar os outros»[29]. O amor a si mesmo é um meio-termo entre o amor que recebemos e o que damos. Quanto mais amor recebemos, e quanto melhor ele for, mais e melhor amamos a nós mesmos e aos outros. Por outro lado, quando o amor recebido diminui, é mais provável que se gere uma situação problemática no plano pessoal e uma situação conflitiva com os outros.

É preciso definir primeiro em que consiste o amor justo de si para saber diferenciá-lo de seu polo oposto, o amor-próprio ou desordenado. A filosofia e a teologia trataram dessa questão. «A tradição filosófica ensinou que em cada homem existe um amor *natural* por si mesmo: um desejo, inescapável e inalienável, de conservar o próprio ser e desenvolvê-lo perfeitamente até atingir seu apogeu derradeiro; um desejo, dito de outra forma, de ser feliz»[30]. São Tomás de Aquino explica, nesta linha, a conveniência de o homem amar o bem de si mesmo, visto que foi feito para amar todo e qualquer bem. O amor ao próprio bem orienta a vida à morte, sem esquecer que se enriquece ou se aperfeiçoa mediante o amor desinteressado pelos ou-

---

(29) Agostinho de Hipona, *Sermo 368*, Patrologia Latina, 39, p. 1655.
(30) Tomás Melendo, *Ocho lecciones sobre el amor humano*, Rialp, Madri, p. 175.

tros. Por isso, Tomás afirma que o amor que se sente pelo outro «vem do amor que se sente por si»[31]. O amor é a estrutura ideal para desenvolver todas as potencialidades pessoais, entre as quais encontra-se a contagiante aspiração de ser feliz fazendo os outros felizes. Tudo isso pressupõe que falemos de um amor *bem ordenado* de si mesmo, em concordância com a verdade do bem e da hierarquia de bens[32]. Não amar a si mesmo corretamente consiste, por isso, em se afastar daquilo que nos torna essencialmente felizes, confundindo esse fim com prazeres fugazes como o álcool, o hedonismo, a ânsia de poder e as drogas, ou, em sua projeção aos outros, com as mil formas de egoísmo que ocultam a busca do benefício próprio em detrimento dos outros. A correlação entre o amor a si e aos outros, com razão fundamentada em ambos os casos, é clara.

A teologia também se ocupou do amor a si próprio, inclusive a partir do prisma da caridade. A realidade de que Deus ama suas criaturas implica que essas criaturas também devem amar a si mesmas. O preceito cristão «amarás o teu próximo como a ti mesmo»[33] enquadra essa estreita relação entre a caridade para com os outros e a caridade para consigo. Esse pensamento tem permeado a sabedoria popular com ditados como «a caridade bem ordenada começa com você mesmo». São Tomás de Aquino dá um passo além, argumentando que no amor perfeito «alguém ama alguém da mesma forma que ama a si próprio»[34]. Assim diz um

---

(31) Tomás de Aquino, *Summa theologiae*, III, q. 28, a. 1, ad 6.
(32) Cf. *ibidem*, 1, q. 60, a. 5; II-II, q. 19, a. 6.
(33) Mc 12, 31.
(34) Tomás de Aquino. *De spe*, a. 3, c. *fine*. A relação consigo mesmo é o modelo para o qual se deve orientar a relação com o outro, visto que a primeira é de unidade, enquanto a segunda expressa apenas uma união de

demônio no livro de Lewis: Deus «deseja que cada homem, a longo prazo, seja capaz de reconhecer todas as criaturas (incluindo Ele mesmo) como coisas gloriosas e excelentes. Ele quer matar o amor-próprio selvagem do homem o mais rápido possível; todavia, Sua política a longo prazo é, temo, devolver-lhes um novo tipo de amor-próprio: certa caridade e gratidão a todos os seres, incluindo eles próprios; quando aprenderem a realmente amar o próximo como a si mesmos, terão permissão para amar a si mesmos como seus próximos»[35].

O amor reto de si mesmo traduz-se num sentimento de harmonia pessoal, sem narcisismo, vaidade ou inveja, que são manifestações próprias de seu polo oposto: o amor-próprio. Lújin, personagem secundário de *Crime e castigo*, ilustra bem «aquela autoconfiança que seria melhor chamada de amor-próprio». Dostoiévski o apresenta nos seguintes termos: «Do nada, amou-se a si mesmo morbidamente; estimava muito seu talento e habilidades e às vezes, sozinho, se apaixonava por seu rosto no espelho»[36]. Quanto ao resto, com algo de surpresa, observamos que essas duas atitudes contrárias são *inversamente proporcionais*, isto é, que o amor-próprio regride quando o amor a si mesmo avança e vice-versa. Por um lado, à medida que se progride na consciência da própria dignidade, a paz interior aumenta e as insatisfações geradas pelo amor-pró-

---

afetos, e «a unidade é mais nobre que a união» (Tomás de Aquino, *Summa theologiae*, II-II, q. 26, a. 4). Essa unidade é um modelo inatingível na união de amor entre as criaturas. Na verdade, apenas as Três Pessoas divinas se reúnem em unidade perfeita.

(35) C. S. Lewis, *Cartas del diablo a su sobrino*, pp. 70-71.
(36) Fiódor Dostoiévski, *Crimen y castigo* [Crime e castigo], Planeta, Barcelona, 1982, p. 283.

prio se dissipam. Por outro, por trás do aumento do amor-próprio encontramos uma baixa autoestima. Na prática, desde o nascimento já somos afetados pelo amor-próprio. Trata-se, pois, de compensá-lo progressivamente por meio de uma consciência crescente da própria dignidade. Como veremos[37], essa é uma tarefa difícil e de longo alcance.

A inter-relação entre o amor a si mesmo e o amor-próprio permite compreender por que o egoísmo não provém apenas da má vontade do sujeito, mas também de sua atitude negativa para consigo, a qual, por sua vez, gera toda sorte de atrito com os outros. O egoísta, no fundo, mais do que se amar demais, ama a si mesmo *pouco* ou ama a si mesmo *mal*. «O pior do egoísta é que ele não se ama [...] e, portanto, é incapaz de amar os outros, pois de onde não há não se pode tirar»[38]. Ninguém dá o que não tem. Aquele que não perdoa e não é benevolente consigo mesmo dificilmente é capaz de sê-lo com os outros, da mesma forma como a não aceitação dos próprios defeitos leva à intolerância para com as falhas alheias. Quanto menos suportamos nossas limitações, mais criticamos as dos outros. O orgulhoso distorce a realidade e projeta sua degradação no próximo. A atitude humilde e paciente com as próprias fraquezas, no entanto, torna mais fácil entender as falhas dos outros.

Essas considerações podem ser úteis na hora de examinar nossas preocupações. Por exemplo, se não gostamos de alguém ou essa pessoa nos irrita, talvez seja simplesmente porque estamos cansados; todavia, se nos aprofundamos com valentia e sinceridade no autoconhecimento, às vezes

---

(37) Cf. II, 1.
(38) Carmen Martín Gaite, *Nubosidad variable*, p. 348.

descobrimos razões mais obscuras. Caso achemos alguém chato, talvez seja por um destes três motivos: porque o invejamos por uma virtude que não temos, porque compartilhamos com ele um defeito que, por falta de humildade, nos custa reconhecer, ou porque superamos esse defeito e achamos que ele deveria fazê-lo também. Quiçá isso explique, por exemplo, a animosidade, e mesmo a hostilidade, em relação aos casamentos com muitos filhos, ao filho que mais encarna os defeitos dos pais ou ao fumante que não tem intenção de abandonar o vício. Assumir humildemente a verdade, mesmo que doa, é requisito essencial para resolver um conflito.

O orgulho coloca a saúde mental em risco

A atitude para consigo mesmo tem influência decisiva na felicidade. A autoestima humilde lança as bases para a paz interior e para uma dedicação aberta e generosa aos outros, a fim de que estes se tornem felizes. Por outro lado, se o orgulho for a nota dominante, aumentarão as tensões internas, comprometendo até a saúde psíquica e os conflitos com as outras pessoas.

Ao analisar as vantagens e desvantagens do coração, detive-me sobretudo no plano da vontade (no desprendimento e no desejo possessivo), uma vez que ela tem um impacto especial na qualidade do amor[39]. Agora, ao abordar os sérios problemas psíquicos que surgem quando «perdemos a cabeça», concentrar-me-ei mais na vertente da inteligência, cujos extremos são a lucidez e a irracionalidade. Como, porém, a pessoa é uma unidade, deve-se

---

(39) Cf. I, 2.

preferir o termo «suscetibilidade» quando se trata tanto da irracionalidade do intelecto quanto do desejo possessivo da vontade.

A suscetibilidade é um dos traços mais característicos do orgulho. Surge, no caso mais extremo, diante do menor indício de desprezo ou diante de um comentário ou atitude que questione o valor da pessoa. Isso não acontece com alguém consciente da própria dignidade. Neste caso, o indivíduo não dará mais importância a esses indícios nem fará, no pior dos casos, das tripas coração. O mesmo, contudo, não acontece com aqueles que sofrem de um «desejo desordenado de ser amado»[40]. Essa inclinação pode até mesmo turvar a inteligência. Manifesta-se primeiro na necessidade imperiosa de ser valorizado; depois, numa reação sistemática de autodefesa às críticas; e, por fim, no ressentimento. Então, com o orgulho ferido, eles «não desejam mais consultar o intelecto para determinar se foram realmente tratados sem caridade. O fato de *sentirem-se* ofendidos parece-lhes motivo suficiente»[41]. Referindo-se ao homem suscetível, Lewis escreve: «Ele fala de si mesmo e de sua bondade; é uma reprovação contínua, um pedido contínuo de compaixão, gratidão e admiração»[42].

Esse homem parece condenado a uma situação extrema que leva ao *transtorno* ou à *solidão*. Em algumas ocasiões, comporta-se de forma histérica, como a criança que pretende ser o centro das atenções; e, «com a sua preocupação mórbida, não raramente recorre até a simulação da dor, da tristeza e da doença: para que os outros cuidem dele

---

(40) Dietrich von Hildebrand, *El corazón*, p. 129.
(41) *Ibidem*, p. 131.
(42) C. S. Lewis, *Cautivado por la alegría. Historia de mi conversión*, p. 150.

e o mimem»⁴³. Qualquer reclamação é válida para reclamar amor e compaixão, para «nos surpreender e perturbar com seus atos extraordinários, com seus caprichos e extravagâncias...»⁴⁴. Noutras ocasiões, a suscetibilidade leva à solidão. Diante do medo da rejeição ou da decepção, opta-se por agir da forma mais discreta possível, pelo isolamento ou por um hermetismo doentio. Nos dois casos extremos, o suscetível encontra-se num beco sem saída: se comportar-se histericamente, provocará a rejeição; se optar pela solidão, conseguirá sobreviver, mas às custas de todo amor e, portanto, privado da felicidade. Afinal, nas palavras de John Steinbeck, um homem sem amor «tem o coração prensado, e parece-lhe que seu peito se transformou em madeira seca»⁴⁵. Não obstante possa escolher entre o males, já vimos que a *soberba de se isolar* é pior do que a *vaidade de chamar a atenção*: é melhor amar mal do que não amar nada.⁴⁶

Nesses casos extremos, as soluções não são fáceis. Em primeiro lugar, porque talvez não estejamos mais apenas diante de um problema moral, mas de algum tipo de *patologia neurótica*⁴⁷. Será então necessário que um médico tome uma atitude a respeito, sem privá-lo da devida assistência espiritual. Além desse atendimento especializado, o que deve fazer quem convive com essas pessoas ou quem

---

(43) Josemaria Escrivá, *Amigos de Deus*, n. 101.
(44) Fiódor Dostoiévski, *Humillados y ofendidos* [Humilhados e ofendidos], Juventud, Barcelona, 1985, pp. 292-293.
(45) John Steinbeck, *La luna se ha puesto*, Edhasa, Barcelona, 1970, p. 90.
(46) Cf. I, 2.
(47) Deixamos de lado as depressões endógenas e os transtornos do tipo psicótico.

tem a responsabilidade de educá-las? Não é fácil saber qual é a atitude certa; uma *compreensão* requintada teria de ser combinada com uma *exigência* muito amorosa. As pessoas que têm uma necessidade insaciável de apreciação precisam de toda a compreensão possível. Somente aqueles que experimentaram essas doenças têm noção do sofrimento que acarretam. Todavia, esse entendimento não exclui a exigência. Do contrário, essas pessoas permanecerão ancoradas num círculo vicioso de autocompaixão ou irascibilidade, entrincheiradas num eu dizimado e sem esperança.

Sem chegar a esses casos extremos, é fato que todos temos um limite quando se trata do peso psicológico a ser carregado; e, quando põem um *quilo* a mais em nós, descompensamos. De acordo com especialistas em saúde mental, somos como um veículo que precisa de combustível. Cada carro tem um tanque de gasolina mais ou menos grande. A arte de preservar a estabilidade psíquica consiste em aprender a administrar o combustível de forma otimizada. Para não ficar sem gasolina, devemos monitorar seu nível, sabendo que o que mais consome combustível é o estresse. Reabastecemos cada vez que desfrutamos algo e descansamos, dormindo o suficiente e nos desconectando do que nos aflige. Devemos evitar a todo custo chegar na reserva do tanque. Se isso acontecesse, a saúde psíquica estaria em perigo. Pessoas com propensão neurótica têm de otimizar o gerenciamento de combustível, já que seu tanque é pequeno; além disso, perdem gasolina. Para fechar os possíveis vazamentos, elas devem cimentar a paz interior resolvendo de maneira estável os problemas que derivam do orgulho. Seria de pouca utilidade encher um tanque com vazamento...

Nas sociedades modernas, o número de doenças neuróticas explodiu. Entre outras causas estão a corrida louca para sermos cada vez mais competitivos e a deterioração da família. O indivíduo e sua dignidade inalienável como pessoa têm então pouco valor. Nessa luta pela sobrevivência, apenas os mais fortes emergem. Os «mais fracos» – aqueles que menos sabem, têm ou podem – sofrem mais.

Certamente essas doenças, embora com menos frequência, também existiram em outros tempos. Um acontecimento na vida de Santa Teresa de Jesus pode ilustrá-lo[48]. Dizem desta santa que teve de ir a Toledo para ajudar uma nobre senhora que, em consequência da morte prematura do marido, mergulhara na mais profunda melancolia (assim se chamava então a depressão). Sem nenhum conhecimento de psicologia, mas com muito senso comum e sobrenatural, a santa de Ávila a curou executando um duplo procedimento. Por um lado, ajudou-a a esquecer-se de si mesma, fazendo-a ver as necessidades dos outros. Por exemplo, nunca perguntava como ela estava e a atualizava sobre os problemas que aqueles que trabalhavam na casa dela tinham. Por outro, falava da Paixão de Cristo, fazendo-a ver a necessidade de lhe oferecer todas as nossas dores como forma de aliviar seu sofrimento redentor.

---

(48) Cf. José Luis Olaizola, *Los amores de Teresa de Jesús*, Planeta, Barcelona, 1992, pp. 106-115.

Segunda parte

Em busca de uma solução definitiva

I
Conversão ao amor

Ir ao fundo dos problemas

Nas páginas anteriores, todos os tipos de problemas vieram à tona: autossuficiência, respeitos humanos, imaturidade, amor egoísta, sentimento de posse, voluntarismo, problemas conjugais, autoengano, suscetibilidade, insegurança, doenças neuróticas... A origem deles – em todos os casos, com mais ou menos variantes e de modos muito diversos – está no orgulho e em seu difícil ajuste tanto no horizonte da verdadeira autoestima como no da relação fecunda com os demais. A importância dessa questão, portanto, convida a algo mais do que uma mera revisão de variantes e *patologias*. É preciso ir à raiz do problema, consertar a razão íntima que o causa e procurar uma solução definitiva. Sobre esses alicerces firmes, o amor, principal fonte de felicidade, ganha em qualidade, enriquecendo nosso interior e o que nos rodeia.

Para superar esse desafio e satisfazer a essa aspiração, o mero exercício do livre-arbítrio não é suficiente. Precisamos purificar nosso coração e preenchê-lo com o Amor de Deus. Para isso, contamos com a ajuda inestimável da graça. O esforço pessoal é importante, embora insuficiente para salvar de forma estável os problemas do orgulho. Esse vício é comparável ao diabetes – uma doença incurável, mas que pode ser tratada. Se um diabético não cuida de si mesmo, a doença prejudica progressivamente seu corpo; aparecem problemas circulatórios, problemas de visão, etc. Se, por outro lado, seguir um regime alimentar e tomar insulina para controlar o açúcar no sangue, poderá levar uma vida normal e a doença não prejudicará sua saúde. Algo semelhante acontece com o orgulho. Ele nunca desaparece por completo. Como diz o ditado, «o orgulho só desaparece meia hora depois da morte». No entanto, mesmo que nunca esteja completamente curado, pode ser mantido sob controle quando se encontra a terapia certa.

Em que consiste essa terapia? Em encontrar algo capaz de estabelecer estavelmente uma autoestima humilde em nosso mundo interior, algo que nos proporcione uma paz profunda e que nos permita recuperá-la sempre que a perdermos.

Primeiro, devemos reconhecer que o orgulho nos diz respeito. Em maior ou menor grau, todos sofremos desse mal e aguentamos suas consequências. Reconhecer isso já é metade da solução. «Se alguém quer ser humilde», disse Lewis, «creio que posso lhe dizer qual é o primeiro passo: perceber que é orgulhoso. E esse passo não é pequeno. Nada pode ser feito antes de dá-lo»[1].

Além disso, é necessário perceber que a vontade é pequena demais para neutralizar o efeito perverso do or-

---

(1) C. S. Lewis, *Mero cristianismo*, p. 141.

gulho. Todos nascemos com certa doença na alma que precisa de cura². É por isso que experimentamos com tanta frequência esse «quero-e-não-posso» que provoca mais perguntas do que respostas sobre como agimos e por quê, ou que nos deixa indefesos diante de nossa própria fraqueza. Gostaríamos, por exemplo, de não sentir ressentimento por quem nos ofendeu, mas mesmo assim sentimos; gostaríamos de esquecer uma ofensa que já foi perdoada, mas não podemos. O que talvez nos ajude a entender isso são os três elementos que determinam a ação moral³. Na origem de todo mal moral há sempre *três causas possíveis, mescladas entre si*: má vontade (*não querer*), ignorância (*não saber*) e incapacidade (*não poder*). E, para alcançar um amor de qualidade, também contamos com três apoios possíveis: boa vontade (*querer*), formação (*saber*) e a saúde mental associada à graça de Deus (*poder*).

Todavia, a boa vontade não é suficiente para curar nossa incapacidade interior, na qual tem suas raízes o orgulho. Como assinala um biógrafo de Dom Bosco a respeito de uma das manifestações da soberba, «a cólera é a espuma exterior daquela torrente que ferve dentro de nós: a soberba. Há quem consiga comprimi-la e dissimulá-la; e há aqueles que a deixam se derramar para o exterior. O que importa é cegar a vertente onde nascem a torrente e sua espuma»⁴. Para cegar essa *vertente* em que nasce o orgulho, convém investigar suas causas mais ocultas, o que implicará, se necessário, na remoção de ali-

---

(2) Já vimos isso ao tratar do pecado original (Cf. I, 1).
(3) Cf. I, 2.
(4) Hugo Wast, *Don Bosco y su tiempo*, Palabra, Madri, 1987, p. 77.

cerces, ideias e sentimentos – da mesma forma que, para um jardim mostrar todo o seu esplendor, é preciso arejar a terra e matar as ervas daninhas. É impossível banir completamente o orgulho, mas contamos com os meios para neutralizá-lo de forma mais ou menos estável.

Para ser realmente eficaz, a luta tenaz contra o orgulho exige que modifiquemos nossas atitudes fundamentais, aquilo que Stephen Covey chama de «paradigmas básicos», algo como os óculos que condicionam tudo o que vemos. Ela consiste fundamentalmente em esquecer as receitas superficiais para ir à origem do problema. Noutras palavras, não nos limitaremos a lutar contra as manifestações externas de nossos defeitos, mas também buscarmos mudar nossas disposições finais. «Se quisermos mudanças relativamente pequenas em nossas vidas, concentrar-nos-emos apenas em nossas atitudes e comportamentos. No entanto, se queremos mudanças importantes e significativas, devemos agir sobre nossos paradigmas básicos»[5].

A vontade pode ocasionalmente subjugar certas manifestações de orgulho, mas é insuficiente para controlar e curar por inteiro nosso complexo mundo interior, cheio como é de necessidades e distúrbios inconscientes, os quais se deterioram, além do mais, ao longo da vida em razão do pecado e das experiências traumáticas. Só a graça de Deus, com a nossa colaboração, pode curar as feridas do coração. «Cria em mim, ó Deus, um coração puro, e renova em mim um espírito reto», diz Davi em seu famoso salmo penitencial[6].

---

(5) Stephen Covey, *The 7 Habits of Highly Effective People. Restoring the Character Ethic*, Simon & Schuster, Nova York, 1990, p. 31.

(6) Sl 51 (50), 12.

As mudanças importantes e significativas que Covey menciona passam pela purificação do coração que o rei Davi pedia. O coração é o ponto de encontro entre corpo e alma, entre o meramente somático e o meramente espiritual. Por isso, ele é *animalizado* ou *espiritualizado* de acordo com nossa perfeição moral. Tornarmo-nos mais espirituais não significa que nos desumanizamos. Pelo contrário, significa deixar as paixões ao serviço das potências do espírito, consolidar progressivamente a unidade de nossa natureza animal e espiritual. A propósito dos diferentes tipos de amor e voluntarismo[7], a importância de integrar todos os nossos recursos já foi mencionada. A depender de como evoluímos, nós nos *fazemos* ou nos *desmanchamos*. A purificação do coração pede a integração perfeita de todas as nossas forças, orientada para o mais importante da nossa vida: amar mais e melhor. Esse é o melhor caminho para uma vida de sucesso, dado que nada nos traz tanta felicidade quanto o amor de alta qualidade: nosso eu só atinge sua plenitude ao se entregar livre e abnegadamente a um *você*[8].

Para consolidar nossa unidade, devemos tomar as decisões certas, uma vez que a virtude *congrega* e o vício *desagrega*. Uma vida virtuosa permite-nos viver em harmonia com Deus, com nós mesmos e com os outros. O desamor, por outro lado, causa o efeito contrário. Nas palavras de João Paulo II, o pecado «afasta o homem de Deus, afasta-o de si mesmo e dos outros»[9]. Queiramos ou não, nossas decisões favorecem ou prejudicam nosso

---

(7) Cf. I, 2.
(8) Cf. I, 2. Ver também I, 3.
(9) João Paulo II, *Dies Domini*, n. 63.

crescimento interior. Afinal, nossa natureza é semelhante ao *manual do usuário* que acompanha o eletrodoméstico adquirido em qualquer *shopping*. É a maneira de saber como somos e como devemos nos comportar. Seria uma pena desperdiçar nossas energias buscando fins que não nos tornam melhores. «Há pessoas que trabalham duro ao longo de muitos anos para conseguir algo que, na verdade, os está destruindo como pessoas. É patético, mas muito frequente»[10]. Quanto melhor seguirmos essas *instruções*, mais coesos serão todos os recursos que utilizamos, e mais bem orientados para uma vida de sucesso. Por outro lado, negligenciar as *instruções* leva à degradação progressiva – quando não à ruptura – das diversas esferas que nos unem. É tão verdade que nossos pecados entristecem a Deus quanto é verdade que nos degradam como pessoas. Como recorda Javier Echevarría, «o pecado não permanece periférico, algo que deixa impassível quem o pratica. Precisamente por sua condição de ato contra a nossa verdade, contra o que verdadeiramente somos e o que verdadeiramente somos chamados a ser, incide no mais íntimo da nossa natureza humana, deformando-a. Todo pecado fere o homem, decompõe o equilíbrio entre as dimensões sensível e espiritual e gera na alma uma desordem íntima entre as várias faculdades: inteligência, vontade, afetividade»[11].

Vale a pena refazer o caminho do pecado: endireitar o que se entortou. Trata-se de uma *penitência* que, mais cedo ou mais tarde, teremos de cumprir. Se quisermos entrar no Céu, aqui ou no Purgatório, devemos purifi-

---

(10) Alejandro Llano, *La vida lograda*, p. 42.
(11) Javier Echevarría, *Itinerarios de vida cristiana*, Planeta, Barcelona, 2001, p. 90.

car nossa alma. Para isso, necessitamos de uma profunda conversão interior, forjada no calor da graça divina e da colaboração de nossa boa vontade. A consciência do Amor de Deus é, afinal, o que mais purifica nossos corações. Esse amor nos proporciona a autoestima humilde que neutraliza o orgulho. Somente aprendendo a nos *esvaziar* de nós mesmos seremos capazes de nos *preencher* de Deus; e, quanto mais nos preenchermos dEle, mais fácil será para nós nos esvaziarmos. Eis como o explica Santo Agostinho: «Assim fizeram os santos: desprezaram as coisas externas [...]. Penetraram em si mesmos e se olharam; encontraram-se por dentro e não gostaram do que viram; correram para Aquele que deveria reformá-los e devolver-lhes a vida, Aquele em quem deveriam fixar morada, Aquele em quem deveria perecer o que forjaram para si mesmos e que havia criado o que neles deveria subsistir. Isso é negar a si mesmo; isso é amar a si mesmo com retidão»[12].

O caminho da purificação interior é longo e misterioso. É *longo* porque há muitos distúrbios para reparar e muitas feridas para curar. Também é *misterioso* porque a ação da graça é sutil e seus efeitos não podem ser medidos como se medem as constantes corporais. Parece radiação. Quando nos submetemos à radioterapia, podemos observar seus efeitos, mas nossos olhos não notam os raios. A colaboração entre a graça de Deus e a liberdade pessoal é igualmente misteriosa. Toda conversão profunda envolve mistério. Deus pode curar facilmente uma doença do corpo. Por outro lado, as doenças da alma, por estarem ligadas a uma identidade que Deus sempre

---

(12) Agostinho de Hipona, *Sermo* 330, 34.

respeita, não se curam sem a nossa cooperação. A cura geralmente ocorre em períodos de crise que estimulam uma reflexão profunda. São momentos complicados em que é mais fácil remover os alicerces de uma vida. No entanto, há quem se zangue com Deus sem perceber que, tantas vezes, nossas feridas são as únicas portas que deixamos abertas para que Ele entre em nossa alma. Paradoxalmente, as fases críticas às vezes dão-nos a melhor oportunidade para nos aproximarmos de nosso objetivo, muito embora também possa acontecer o contrário; tudo depende de nossas disposições interiores. Se entendermos que a ajuda divina é decisiva para curar nossas feridas, a recomendação da Igreja da confissão frequente fará todo o sentido, mesmo que não haja pecados mortais. Quando recebemos um sacramento, é como se recebêssemos uma radiação invisível, cujos resultados mais cedo ou mais tarde vêm à tona.

Uma graça que dignifica e cura

Felizmente, contamos com a graça de Deus para enfrentar a profunda transformação interior que todas essas considerações evocam. A redenção operada por Cristo nos confere uma graça capaz de curar as sequelas do pecado e restituir a dignidade de filhos de Deus perdida com o pecado original. Essa é uma daquelas verdades de fé que embasam a esperança do cristão[13]. Abre-nos perspectivas

---

(13) Uma vez que as verdades da fé passam agora a figurar aqui, resumo-as pensando em leitores não familiarizados com o assunto. A fé cristã tem por base a divindade de Cristo. Se acreditarmos nEle quando afirma ser Deus (cf. Jo 8, 24; 10, 30; 14, 7-11; Mt 26, 64 e Mc 14, 62), seu testemunho é infalível. Como Tomás de Aquino confessa no seu belo, e tantas vezes

deliciosas porque agora a graça de Cristo, ao nos libertar da escravidão do orgulho e cimentar uma autoestima humilde, permite-nos ter acesso a essa felicidade que vem do amor de qualidade.

Durante a Última Ceia, Jesus transmite aos seus discípulos o «novo mandamento», que consiste em amarmos uns aos outros como Ele nos amou[14]. Subjaz a ele, portanto, a promessa de que teremos assistência para alcançá-lo. O mandamento é *novo*, entre outras coisas, porque a qualidade do amor que nos pede «não é possível ao homem apenas com a sua própria força. Ele se torna *capaz desse amor somente graças a um dom recebido*»[15]. Sem a ajuda da graça, o exemplo de Cristo seria inimitável.

Esse dom divino é chamado de *graça santificante*. Deus, que é Amor[16], é revelado e comunicado por meio de Cristo. A graça que cura nossa incapacidade de alcançar um amor de alta qualidade é o *dom do Espírito Santo* obtido por Cristo na Cruz. Trata-se de um dom sobrenatural que, ao nos transformar internamente[17],

---

entoado, hino eucarístico «*Adoro te devote*»: «Creio no que disse o Filho de Deus: nada é mais verdadeiro do que esta Palavra da Verdade». Portanto, a fé cristã não se baseia nos sentimentos vividos por quem busca a Deus; é Ele mesmo quem tomou a iniciativa de se revelar – e de uma forma objetiva (cf. 1 Jo 1, 1). Da mesma forma, «a esperança cristã não é uma ilusão, mas um caminho que penetra no céu, onde Cristo nos precedeu» (Bento XVI, Homilia de 4 de maio de 2008). A fé católica tem as garantias máximas de veracidade. Cristo, que por ser Deus cumpre sempre suas promessas, assegurou à Igreja uma misteriosa assistência divina que preserva do erro as verdades definitivamente ensinadas pelo Magistério (cf. Mt 16, 18-19; Lc 10, 16 e Jo 21, 15-17).

(14) Cf. Jo 13, 34.
(15) João Paulo II, *Veritatis splendor*, n. 22.
(16) Cf. 1 Jo 4, 8.
(17) Cf. João Paulo II, *Dominum et vivificantem*, n. 59, e *Redemptor hominis*, n. 18.

permite-nos amar como Cristo ama. A fim de efetuar essa transformação misteriosa, o Paráclito opera em nós progressivamente *três efeitos* conjuntos: *ilumina* nosso entendimento para compreendermos o Amor de Deus; *inflama* nossa vontade para estimular nosso desejo de contribuir com Ele; e *purifica* nossos corações para conformar cada vez mais nossos afetos com os afetos do Coração de Cristo.

Em latim, o termo *salus* tem duplo significado: *saúde* e *salvação*. Para *salvar*, você tem de *curar*. Os santos (aqueles que, mesmo tendo defeitos, alcançam a perfeição do amor) são salvos, e para que essa *santidade* seja possível é necessária uma graça curadora. Só Deus é Santo: só Ele ama de forma totalmente perfeita. E é Cristo – Deus feito homem para nos salvar – que, por meio da *graça santificante*, nos eleva à dignidade de filhos de Deus e cura o pó do egoísmo que o pecado depositou em nossa natureza. «A graça *cura* e *eleva*», afirma a teologia: a graça *cura* nossa incapacidade de amar bem – de forma livre, respeitosa, desapegada e desinteressada – e nos *eleva* à dignidade de filhos de Deus. Se o que precisa ser curado é acima de tudo aquele orgulho que perverte nosso amor, não é de estranhar que um dos caminhos que a graça segue para realizar essa *cura* consista em nos ajudar a tomar consciência de nossa *elevação* à dignidade de filhos de Deus.

Em suma, Cristo é ao mesmo tempo um *modelo* e *fonte* de amor perfeito. Ele nos ensina a amar e, por meio dessa graça que nos cura e dignifica, nos capacita a amar como Ele ama. Portanto, na medida em que nos deixamos penetrar pela graça, podemos alcançar aquela felicidade que consiste em dar e receber um amor de qualidade. A santidade é possível, pois; segundo a doutrina da Igreja, todos nós batizados somos chamados a ela[18]. E o exemplo dos incontáveis santos que nos precederam, a maioria formada de gente anônima e comum[19], confirma que, com a ajuda da graça, todos nós, por mais diversas que sejam as circunstâncias em que vivemos, somos capazes da perfeição do amor. Insisto nas insuspeitadas perspectivas de santidade que a graça de nosso Redentor nos abre porque, habituados às nossas limitações, tendemos a menosprezar nossas expectativas, como se só pudéssemos aspirar a amores baratos. Eis por que André Frossard afirma que «o grande drama da espécie humana consiste em não compreender o amor e estabelecer limites que só existem em nosso próprio coração»[20].

A contribuição decisiva da graça, porém, não diminui a importância da *luta ascética* para adquirir bons hábitos e neutralizar as más tendências. Tudo é graça, mas Deus no-la dá à medida que nos predispomos – com humildade e boas obras – a recebê-la. Nossa vontade é comparável à do músculo que treinamos diariamente para que responda bem quando precisarmos. Se você está enfraquecido, deixa muito a desejar quando se trata de fazer o bem e evitar o mal. Ao mesmo tempo, precisamos receber assiduamente essa graça que cura nossas deficiências. Cristo nos comunica a graça sobretudo por meio dos sacramen-

---

(18) O chamado universal à santidade, que São Josemaria pregava já nos anos 1930, foi assumido várias décadas mais tarde pelo Concílio Vaticano II. «Os cristãos de qualquer estado ou ordem», ensina o concílio, «são chamados à plenitude da vida cristã e à perfeição da caridade» (*Lumen gentium*, n. 40). Ver também *Catecismo da Igreja Católica*, nn. 2012-2016.
(19) A Igreja celebra liturgicamente todos esses santos desconhecidos no primeiro dia de novembro.
(20) André Frossard, *Preguntas sobre Dios*, Rialp, Madri, 1992, p. 93.

tos, de modo especial daqueles que podemos receber com frequência: a Confissão e a Eucaristia.

A maior dignidade

Para sustentar a ação dessa graça, devemos examinar nossa vida, aceitar nossas limitações e encontrar um remédio para elas no Amor de Deus. Não me refiro a um amor meramente genérico: cada um de nós é tudo para Ele. Como diz Leo Trese, «nesta fecunda realidade devo construir toda a minha vida espiritual»[21]. A chave para neutralizar as consequências do orgulho está em compensar a realidade de nossa miséria com a dignidade de sermos filhos imensamente amados por Deus. Trata-se de neutralizar o orgulho com «a alegria humilde de me saber amado por Deus –, não porque eu mereça, mas porque Deus é bom, é todo amor. E você tem de se saber amado de forma singular, como alguém único, como *alguém diante de Deus*. Como uma pessoa, como exceção»[22]. Amor é entrega, e, quando o protagonista é Deus, recebemos tesouros insondáveis. Como veremos[23], a filiação divina que Cristo conquistou para nós envolve uma participação misteriosa, mas real na divindade. Por isso Emmanuel Mounier afirma que, «dos defeitos possíveis num ser criado à imagem de Deus e chamado a uma divinização progressiva, nada é pior do que este: a negação da própria dignidade»[24].

---

(21) Leo Trese, *Dios necesita de ti*, Palabra, Madri, 1990, p. 25.
(22) Carlos Cardona, *Metafísica del bien y del mal*, p. 130.
(23) Cf. II, 2.
(24) Emmanuel Mounier, *L'affrontement chrétien*, París, 1945, p. 87.

O Amor de Deus confere-nos uma dignidade inestimável, que torna pequena qualquer consideração sobre o nosso valor, quer ela venha de fora, quer tenha origem em nossa insegurança interior. «A verdade mais importante, capaz de nos proporcionar um bom nível de respeito próprio e autoestima, é a verdade segundo a qual Deus nos valoriza»[25]. Assim, por exemplo, evita-se a preocupação com o que *os outros vão dizer*. Para trocar nossos respeitos *humanos* pelos *divinos*, devemos *aprender a ver e valorizar como Deus nos vê e nos valoriza*. Segundo esse prisma, pesará mais intensamente a estima que Deus nos dedica e perderemos o medo do desprezo de outros. Leo Trese expressa-o com esta reflexão: «Que triste é, sabendo o quanto Deus me ama, choramingar e lamentar porque não me amam tanto quanto eu gostaria! É algo tão estúpido como a atitude do bilionário que se lamenta por ter perdido cinco dólares numa máquina caça-níqueis»[26]. Algo semelhante concluiu certo padre que ficou tetraplégico após um acidente de trânsito: «Creio que um Amor imenso preside a minha vida e a de todos, embora muitos não o percebam. Para resumir meu problema, diria que sou um bilionário que perdeu apenas mil pesetas»[27].

É verdade que o apreço alheio facilita nossa autoestima (somos humanos), mas seria lamentável sujeitá-la exclusivamente à opinião de nossos semelhantes. A forma mais segura de nos valorizarmos corretamente é pelo olhar de Quem nos ama mais e melhor. Essa é a fonte mais estável de liberdade e paz interior. A esse respeito,

---

(25) Mark Kinzer, *The Self-Image of a Christian*, p. 34.
(26) Leo Trese, *Dios necesita de ti*, p. 22.
(27) Luis de Moya, *Sobre la marcha. Un tetrapléjico que ama la vida*, Edibesa, Madri, 1997, p. 68.

é muito instrutivo aquilo que São Josemaria por vezes disse em sua oração, quando alvo de numerosas calúnias: «Senhor, se Tu não precisas da minha honra, eu para que a quero?». Algum tempo depois, ele mesmo declarou: «E custava-me, custava-me porque sou muito soberbo, e caíam-me umas lagrimonas... Desde então, tudo me importa um pepino!»[28] «Nessa noite», diz Pilar Urbano, «desamarrado da sua própria estima [...], transpôs o umbral da genuína liberdade»[29].

O amor e os amores

O amor de Deus supera em muito o melhor dos amores humanos. Se o conhecêssemos de perto, ficaríamos boquiabertos. Com efeito, somente Ele pode dar-se sem qualquer limitação. Só é possível dar o que se possui, e o homem não possui a si próprio. É capaz de oferecer algo de si – tempo, presentes, afeto... –, mas não o todo. Deus, por outro lado, pode doar-se plenamente, visto que não consiste de partes – é uma substância infinitamente simples – e se possui por completo. O resultado dessa *entrega substancial* é desconcertante.

Mais tarde, refletiremos sobre os aspectos do Amor de Deus que mais nos dignificam[30]. Não poderei, contudo, me alongar em outros traços que refletem de maneira especial essa capacidade plena de doação. Basta considerar, por exemplo, sua habitação na alma da criatura que re-

---

(28) Em Pilar Urbano, *O homem de Villa Tevere*, Quadrante, São Paulo, 2017, p. 315.

(29) *Ibidem*.

(30) Sobre a divinização que deriva da filiação divina, a Encarnação, a Redenção e o Amor misericordioso, ver II, 2 e 3.

cebe o dom da graça³¹. Nosso pensamento dirige-se para a pessoa que amamos, enquanto a união espiritual com Deus vai muito mais longe: Ele estabelece sua morada em quem se abre ao seu Amor. Penso também naquele vínculo estreito com Jesus Cristo, Verbo Encarnado, que é feito toda vez que recebemos a Comunhão Eucarística. Essa fusão corporal e espiritual é a mais íntima das uniões amorosas. Dessa forma, Ele nos alimenta com sua carne gloriosa, algo que nem mesmo as melhores mães poderiam fazer, e se entrega a nós com um aniquilamento que supera nossa capacidade de compreensão. «Tomai», diz ele no início da Consagração, na esperança de que cada um aceite livremente sua entrega amorosa. É uma pena que nossos sentidos não percebam essas maravilhosas realidades.

Esse amor é o único que pode satisfazer nossos anseios mais profundos. Todos precisamos daquele *amor absoluto, duradouro* e *incondicional* que só Deus pode dar. Aí está a resposta que o protagonista de um romance de Cronin levanta quando, em meio a uma crise pessoal, pergunta ao seu psicólogo: «Será que este meu desejo de ser amado, de ser amado com ternura, paixão e exclusividade, nunca será satisfeito?»³². Santo Agostinho condensou essa mesma preocupação em sua famosa exclamação: «Tu nos fizeste, Senhor, para ti, e nosso coração está inquieto até que repouse em Ti». Esse é o melhor resumo

---

(31) Cf. Jo 14, 23 e 1 Cor 3, 16. Edith Stein afirma que a habitação divina situa-se na «profundidade mais íntima da alma» (*Kreuzeswissenschaft*, Herder, Freiburg im Breisgau, 1950, p. 140). Neste *Innerste der Seele*, o *self* pode se unir livremente a Deus (cf. Michel Esparza, *El pensamiento de Edith Stein*, EUNSA, Pamplona, 1998, p. 148).

(32) A. J. Cronin, *El jardinero español*, Palabra, Madri, 1994, p. 105.

de uma longa busca que parte do vazio interior e termina na convicção de que só Deus pode saciar a sede de um eu insatisfeito. «O ser humano», recorda Javier Echevarría, «tem uma capacidade de infinito que só o Infinito, o próprio Deus, pode satisfazer. Há um vazio em nós que nada nem ninguém, exceto Deus, pode preencher; e consequentemente existe – mesmo nas maiores amizades e nos maiores amores – uma certa experiência de limite, de solidão insuperável»[33]. É verdade que o amor dos outros nos ajuda – é gratificante e tangível –, mas não é a solução definitiva.

Como afirmou Bento XVI no início de seu pontificado, «quem deixa Cristo entrar não perde nada do que torna a vida livre, bela e grande. [...] Só com essa amizade se abrem realmente as grandes potencialidades da condição humana»[34]. Vejamos como a amizade com o Senhor *purifica, harmoniza* e *enobrece* outros amores.

Vamos começar com o aspecto *purificador*. Já vimos como, numa relação de amor entre homem e mulher, o amor apaixonado (*gostar* e *amar*) deve servir ao amor espiritual (*amar*)[35]. Os antigos gregos chamavam *eros* à paixão amorosa e *philia* ao amor de amizade[36]. Os cristãos preferiram, para falar de amor, o termo *agapé* (*caritas*, em latim), «que na língua grega foi deixada de lado» e «denota algo essencial na novidade do cristianismo, justamente em sua forma de compreender o amor»[37]. Trata-se, com efeito, de um terceiro grau de qualidade amorosa. O ter-

---

(33) J. Echevarría, *Itinerarios de vida cristiana*, p. 132.
(34) Bento XVI, Homilia de 24 de abril de 2005.
(35) Cf. I, 2.
(36) Cf. I, 2.
(37) Bento XVI, *Deus caritas est*, n. 3.

mo «caridade», ao contrário do significado que lhe tem sido atribuído em alguns ambientes, remete a uma forma de amar, mesmo ao inimigo, com o afeto próprio do *eros* e o respeito da *philia*. Esse amor de caridade supera nossas forças: é um dom que recebemos de Deus. Para estabelecer na alma uma fonte inesgotável de doação, o Espírito Santo inflama a vontade, ilumina a inteligência e purifica o coração: o resultado é aquela humilde autoestima que possibilita o amor de alta qualidade.

O Amor divino também nos permite *harmonizar* os amores humanos. Família, amigos ou a atividade profissional são fontes valiosas de autoestima, mas precisam de um elemento corretivo que os coloque em seu devido lugar. Se Deus ocupa o primeiro posto, melhora a atitude para com nós mesmos e, consequentemente, torna-se possível uma atitude desapegada em relação aos outros e em relação ao trabalho. Por outro lado, quando Deus não é a principal fonte de autoestima, o eu insatisfeito deteriora a relação com os outros e coloca o trabalho numa esfera que não lhe corresponde. Longe do Amor de Deus, a necessidade de afeto engendra um sentimento de posse para com a família e os amigos, enquanto o sucesso profissional se obscurece pela falta de retidão de intenção. Não se trabalha mais por amor, mas por uma vã complacência.

Finalmente, o amor *enobrece* os amores. Existe algo de divino em todo amor humano. O amor é um reflexo pálido, mas verdadeiro, do Amor. É como a lua que brilha à noite refletindo a luz do sol: o brilho opaco de nossos amores deve servir para nos lembrar do esplendor do Mestre. Normalmente, porém, o amor «despojado de dimensões absolutas afasta os homens como se o absoluto fosse. Deixam-se levar pela ilusão e não procuram fundar seu amor no Amor que possui a dimensão absoluta»[38]. Por conseguinte, se você espera da lua o que só o sol pode dar, sua decepção amorosa é inevitável. E se, depois do desapontamento, você continua a confundir a lua com o sol, seu sentimento de posse aumenta e o amor perde seu brilho. Nesse sentido, Gustave Thibon afirma que «amar é passar fome juntos, e não se devorar»[39]. Para que o *eros* continue a refletir a pureza do amor eterno, os amantes devem manter certa modéstia. Pretender consumar o amor a todo custo é torná-lo mortal.

Não são poucos, pois, os motivos para colocar o Amor de Deus em primeiro plano e evitar que o amor às criaturas se torne a única fonte de autoestima. Não se trata de amar *menos* os outros, mas de amar *mais* a Deus. Só assim poderemos amar os outros *melhor*, com uma dependência afetiva que não exclui a própria independência de quem se conhece amado por Deus. Por outro lado, a fidelidade com que Deus nos ama contrasta com as incertezas e inseguranças típicas do amor humano, em que se distinguem, segundo a resposta da pessoa amada, três possibilidades: o *amor recíproco,* o *amor não correspondido* e o *amor impossível.* No segundo caso, quando falta reciprocidade, a situação é desagradável, mas há pelo menos o consolo de contribuir com algo para a pessoa amada. No terceiro caso, contudo, quando a pessoa que amamos nem mesmo se permite ser amada, só podemos continuar a amá-la e ser felizes se amarmos a Deus nessa pessoa. Oferecendo ao Senhor a dor que a rejeição nos causa, da-

---

(38) Karol Wojtyla, *The Goldsmith's Workshop*, Argentina City, Buenos Aires, 1998, p. 114. Esta peça do futuro papa foi publicada pela primeira vez, sob pseudônimo, numa revista polonesa em 1960.

(39) Gustave Thibon, *Nuestra mirada ciega ante la luz*, Rialp, Madri, 1973, p. 171.

mos-lhe alegria e, por meio dEle, contribuímos para o bem de quem não aceita nosso amor.

O que acontece quando o amor de uma criatura se torna a razão última a dar sentido à nossa vida? Descobrimos que a decepção é possível, que a felicidade é apenas provável e que o futuro é incerto. No amor humano, ao contrário do Amor de Deus, há espaço para desgosto e traição, bem como para a inevitável e dolorosa ausência que a morte da pessoa amada deixa para trás. O protagonista de um romance de Sándor Márai expressa assim seu desconforto após a morte da esposa: «Existem a paciência, o serviço aos outros, o mundo infinito... Mas, veja, tudo isso é vazio, misteriosamente vazio, se os seus interesses não são motivados por nenhuma corrente. Essa estranha corrente que há entre você e o outro... A vida se reduz a isso. É claro, existem outras coisas que nos permitem passar pela vida. Mas a maquinaria vai funcionando sem sentido, sem servir para nada»[40].

Na mesma linha, embora com um desfecho diferente, discorre um dos romances de Susana Tamaro. A protagonista tem a coragem de enfrentar um processo interior, após a morte inesperada do homem que mais ama (Ernesto), que lhe restaura a confiança em si mesma e lhe revela os verdadeiros alicerces sobre os quais construir a existência. «Depois da morte de Ernesto», relembra, «mergulhei numa exaustão profunda. De repente, percebi que aquela luz com a qual brilhava nos últimos anos não vinha de dentro de mim, era apenas uma luz refletida. A felicidade, o amor pela vida que eu experimentara, não me pertencia realmente, apenas funcionava como um espe-

---

(40) Sándor Márai, *Divorcio en Buda*, Salamandra, Barcelona, 2002, p. 172.

lho. Ernesto emanava luz e eu a refletia. Depois que ele se foi, tudo ficou opaco novamente»[41]. A protagonista da história não opta por buscar o mesmo refúgio em alguém para substituir o falecido, mas por se enfrentar e aceitar que a fonte de sua infelicidade está nela, em sua falta de autoestima. «Por um momento», conta, «pensei em me agarrar a qualquer muleta [...]. Foi uma ideia que durou muito pouco. Quase imediatamente entendi que seria o enésimo erro. Aos quarenta anos já não há espaço para erros. Se de repente nos encontramos nus, é necessário ter a coragem de nos ver no espelho como somos. Tinha de começar tudo desde o início»[42]. A partir dessa consideração, ela empreende uma mudança radical para conquistar a felicidade perdida. Entende, primeiro, que um bom relacionamento consigo mesma é a melhor base para reconstruir sua existência; depois, descobre o Amor de Deus, que, consolidando sua autoestima, permite que ela se dedique abnegadamente à felicidade dos outros.

Uma vida plena e bem-sucedida não precisa ser condicionada por *circunstâncias* que não dominamos. Em situações difíceis, a autopiedade é estéril e só serve para piorar as coisas. Em vez disso, trata-se de vincular a felicidade a uma *atitude* que tire proveito até mesmo da adversidade. Um bom navegador aprende com seus erros. Se seu veleiro afunda em razão de uma tempestade, ele não culpa apenas o clima, mas diz que está ganhando experiência para enfrentar as tempestades futuras com mais habilidade. Com essa mesma atitude devemos enfrentar os infortúnios. Se afundarmos porque alguém nos ca-

---

(41) Susana Tamaro, *Donde el corazón te lleve*, p. 156.
(42) *Ibidem*, p. 158.

luniou, tomaremos cuidado para sermos mais independentes da opinião dos outros; se sofremos uma decepção amorosa, em vez de nos lamentar, revisamos nossas fontes de autoestima para que nossa felicidade não dependa apenas do amor de uma criatura.

No final, seremos verdadeiramente felizes se vivermos no Amor de Deus. Do contrário, não experimentaremos aquela felicidade que, enquanto tivermos boa vontade, nada nem ninguém pode tirar de nós. A melhor felicidade *independe de quaisquer ocorrências futuras*. Muitos a fazem depender desses eventos; dizem a si mesmos: «Não estou totalmente satisfeito agora, mas, quando eu conseguir esse diploma, ou quando minha situação conjugal for resolvida, ou quando meus problemas financeiros desaparecerem, então vou me sentir realizado». Todavia, com essa atitude a felicidade tão esperada nunca chega. Em vez de almejar êxitos temporários, devemos ir diretamente à fonte da maior dignidade: a maravilhosa realidade de sermos loucamente amados por Deus. Uma vez que nosso orgulho *tem fome* de estima, a melhor maneira de mantê-lo fora do caminho é proporcionar-lhe um *alimento* que o satisfaça plenamente. Não vale a pena colocar nossa esperança em expectativas incertas quando, já agora, o Senhor nos ama como somos, como estamos e com o que temos. Seria uma pena passar a vida à procura de um Amor de que já desfrutamos: se não somos felizes hoje e agora, talvez nunca o seremos.

Enfrentar a verdade acerca de si mesmo

A conversão interior exige que descartemos as desculpas que damos para adiar nosso exame de consciência, em que perscrutamos a nós mesmos sem evitar perguntas incômodas e sem medo das respostas. «Encontrar escapatórias quando não se quer olhar para dentro é a coisa mais fácil do mundo», afirma o protagonista do romance de Tamaro. «Há sempre uma culpa externa, e é preciso muita coragem para aceitar que a culpa – ou melhor, a responsabilidade – é só nossa»[43].

Devemos reconhecer nossa realidade, seja ela boa ou ruim, e tomar a partir daí a decisão firme de aderir ao que mais vale a pena, mudando o rumo se necessário. Vezes sem conta, em momentos de crise ou bonança, podemos reorientar nossas vidas, abandonando-nos ao Amor incondicional de Deus. «A questão é esta», escreve Nouwen. «"A quem pertenço: a Deus ou ao mundo?". Muitas de minhas preocupações diárias sugerem que pertenço mais ao mundo do que a Deus. Uma pequena crítica me deixa com raiva, e uma pequena rejeição me deprime. [...] O mundo diz: "Eu o amo se você for bonito, inteligente e de boa saúde. Eu o amo se você tiver uma boa educação, um bom emprego e bons contatos. Eu o amo se você produzir muito, vender muito e comprar muito". Existem infinitos *sins* ocultos no amor do mundo. Cada *sim* desse me escraviza, pois é impossível responder corretamente a todos. O amor do mundo é e sempre será condicional»[44].

Diante dos próprios defeitos, quando o Amor de Deus é desconhecido ou dispensado, duas são as possibilidades: reconhecê-los e ficar deprimido, ou autoenganar-se e sobreviver. É mais agradável viver enganado do que deprimido, mas a mentira impede a paz interior porque, como

---

(43) *Ibidem*, p. 163.
(44) Henri Nouwen, *El regreso del hijo pródigo*, p. 47.

já vimos⁴⁵, a inteligência sempre protesta. O cristianismo oferece a melhor alternativa neste ponto: a possibilidade de viver *em plenitude*, voltando-se para Aquele que, tendo entranhas de misericórdia, nos liberta do desânimo e da mentira. Daí a importância de nos abrirmos a toda a verdade sobre nós mesmos.

De todo modo, mudar o curso de uma vida inteira não é fácil. Uma mistura de insegurança e orgulho nos impede de fazê-lo. Se nos acostumamos a viver com falsas certezas, ficamos tontos ao deixá-las *de lado* para nos aventurarmos numa revolução interior. Se não tivermos problemas graves, nossa forma de enfocar as coisas nos proporciona um certo equilíbrio e segurança. Mas, mesmo quando surgem problemas, existem aqueles que continuam a se apegar aos velhos hábitos. Eles podem não perceber, mas seu orgulho os impede de enfrentar a verdade sobre si mesmos. Se por muitos anos esconderam suas fraquezas atrás de uma espécie de couraça de ferro forjado, é lógico que, uma vez que lhes for explicada a profundidade do Amor de Deus, eles não desejarão ou não poderão mudar seus planos. Alguns só percebem isso com clareza no final, como aquele personagem de um dos romances de Tolstói que só encontra a verdadeira paz quando, no momento de sua agonia, reconhece: «Na realidade, toda a minha vida, minha vida consciente, foi uma trapaça»⁴⁶.

O remédio para curar o autoengano é a oração. Daí a importância de buscar todos os dias um bom momento para conversar a sós com Deus, lembrando que ninguém

---

(45) Cf. I, 3.
(46) Liev Tolstói, *La muerte de Ivan Ilich*, p. 77.

conhece tanto quanto Ele nossas fraquezas, amando-nos, ao mesmo tempo, tal como somos. Deus quer que lutemos para superar nossos defeitos, mas seu Amor não depende de termos sucesso ou não. Poderia, portanto, existir um interlocutor melhor? Jesus Cristo mesmo deixou-nos um exemplo indelével, no Horto das Oliveiras, de uma oração confiante e sincera com o Pai. Ele sabe que naquela noite será julgado e condenado à morte. Por isso exclama: «Pai, se queres, afasta de mim este cálice; mas não se faça a minha vontade, e sim a tua»[47]. «Nunca», comenta André Sève, «Jesus esteve tão perto de nós. Assumiu até mesmo o medo do que Deus pode pedir a um homem. Por outro lado, esse medo nos afasta da oração. [...] Onde poderíamos aprender, senão ali, que rezar não é brincar de rezar, mas arrancar de Deus o que precisamos para fazer o que Ele espera de nós?»[48].

O filho pródigo da parábola

A conversão interior é mais difícil para o cristão que está muito seguro da própria virtude. Trata-se de uma atitude semelhante à dos fariseus do Evangelho, os quais Cristo censura por cumprirem meticulosamente todos os preceitos da lei a fim de se sentirem superiores, e não por amor a Deus. É por isso que eles não entendem o Amor misericordioso que Cristo prega. Nesse contexto se enquadra a parábola do filho pródigo, em cuja consideração me detenho para nos aprofundarmos na conver-

---

(47) Lc 22, 42.
(48) André Sève, *30 minutes pour Dieu*, Le Centurion, Paris, 1974, p. 33.

são ao amor que propus como solução para o problema do orgulho.

A história é conhecida. O caçula de dois filhos pede ao pai que lhe dê sua herança e, em posse dela, parte em viagem solitária. «Foi a um país distante, em que dissipou sua herança vivendo dissolutamente»[49], conta o Evangelho. Depois de gastá-la e após uma fase de necessidade, decide regressar. O pai, longe de culpá-lo por sua atitude, festeja o retorno com um banquete. A reação do irmão mais velho é muito diferente. Irrita-se com o pai, a quem reprova dizendo que, apesar de tê-lo servido por anos, nunca lhe dera nada por isso. Eis por que «encolerizou-se e não quis participar»[50] da celebração. O pai, surpreso, explica a alegria que sentia pela volta do filho, o que não deveria ser interpretado como mau gesto para com o mais velho.

A parábola, uma das mais eloquentes do texto sagrado, ilustra, a partir de dois ângulos diferentes, o caminho cristão. O retorno do irmão mais novo para casa representa uma primeira conversão. Todavia, esse gesto incipiente pode ficar incompleto caso o coração não seja purificado com o passar dos anos, a exemplo do que se dá com o irmão mais velho. Ofuscado pelo orgulho, em vez de comemorar a volta do irmão, ele se irrita e exibe seus méritos ao pai. O contraponto entre as duas atitudes está no pai, que se esquece completamente de si e só vive para a felicidade dos filhos.

Os três personagens que a parábola apresenta remetem à tipologia *pagão-judaico-cristã* usada por São Pau-

---

(49) Lc 15, 13.
(50) Lc 15, 28.

lo[51] a fim de explicar a verdadeira liberdade que Cristo conquistou para nós[52]. Segundo o Apóstolo, existem duas formas de corromper a verdadeira liberdade: a libertinagem do *pagão*, que se torna escravo de suas paixões (a primeira etapa do irmão mais novo), e a falta da liberdade interior do *judeu*, que se torna escravo da lei (o irmão mais velho). O *cristão*, por outro lado, não está escravizado nem ao pecado, nem à lei: é o pai da parábola. O pagão indolente deve recordar que, «quando o homem quer se libertar da lei moral e se tornar independente de Deus, longe de conquistar sua liberdade, ele a destrói»[53]. O judeu voluntarista há de ser parabenizado por sua fidelidade à lei, mas também deve ver, para que supere o moralismo, que não se trata de abolir a lei, e sim de submeter-se a ela por amor[54]. «Se o Filho vos libertar, sereis verdadeiramente livres», disse Jesus Cristo[55], pois a verdadeira liberdade é um dom divino. "Saboreamos esta liberdade de movimentos", testemunha São Josemaria, "como uma dádiva de Deus»[56]. São Paulo experimentou em sua própria vida a diferença entre ser *judeu* e *cristão*. «Antes de sua conversão», explica Bento XVI, «ele não era um homem afastado de Deus e de sua lei [...]. Porém, à luz do seu encontro com Cristo, percebeu que antes só procurava construir a si mesmo.

---

(51) Cf. os onze primeiros capítulos da *Epístola aos Romanos*, sobretudo de 1, 18 até 3, 31.
(52) Cf. Gl 5, 1.
(53) Congregação para a Doutrina da Fé, Instrução *Libertatis conscientia*, 22 de março de 1986, n. 19.
(54) Cf. Rm 3, 31 e 6, 15.
(55) Jo 8, 36.
(56) Josemaria Escrivá, *Amigos de Deus*, n. 35.

Ele entendeu que sua vida precisava absolutamente de uma nova orientação»[57].

O irmão mais velho da parábola assemelha-se ao judeu da tipologia paulina porque cumpre os preceitos da lei, mas o orgulho o faz egoísta. Por isso, quando o pai lhe implora para entrar na festa em homenagem ao recém-chegado, ele, cheio de ressentimento, responde: «Há tantos anos que te sirvo, e nunca deixei de cumprir uma ordem tua. Tu, porém, nunca me deste um cabrito para uma festa com meus amigos; e agora que chegou este teu filho, que devorou sua propriedade com prostitutas, mataste um bezerro cevado para ele!»[58]. Ele até estabelece distância: «Este teu filho», diz. Nem mesmo reconhece o convertido como um irmão. O orgulho o leva à falta de caridade, torna-o invejoso e endurece seu coração contra o irmão e o pai.

O ensinamento da parábola mostra duas realidades: o arrependimento do jovem fugido e a conversão necessária do filho mais velho. Como comenta Nouwen, «não só se perdeu o filho mais novo, que saíra de casa em busca de liberdade e felicidade, mas também aquele que ficou em casa. Aparentemente, ele fazia tudo o que um bom filho deve fazer, mas por dentro fugira de seu pai. Trabalhava muito todos os dias e cumpria suas obrigações, mas se tornava cada vez mais miserável e menos livre»[59].

O irmão mais velho parece mais perfeito do que o mais novo, mas cai no ressentimento e também precisa do amor misericordioso de seu pai. É uma daquelas pes-

---

(57) Bento XVI, Audiência geral de 8 de novembro de 2006.
(58) Lc 15, 29-30.
(59) Henri Nouwen, *El regreso del hijo pródigo*, pp. 75-76.

soas que, nas palavras de Bento XVI, «deve converter-se do Deus-Lei ao Deus do amor. Então elas não abandonarão sua obediência, mas esta brotará de fontes mais profundas e, portanto, será maior, mais sincera e pura, mas acima de tudo mais humilde»[60].

A conversão do filho mais velho, porém, é mais complicada do que a do mais novo. «Parece muito mais fácil voltar de uma aventura luxuriosa do que voltar de uma raiva fria que se enraizou nos rincões mais profundos de mim mesmo»[61]. A perdição do mais velho é mais difícil de reconhecer, uma vez que o amor-próprio está oculto em seu desejo de ser virtuoso. «Afinal, ele fazia tudo certo. Era obediente, prestativo, cumpridor da lei e trabalhador. As pessoas o respeitavam, admiravam, elogiavam e o consideravam um filho exemplar. Aparentemente, o filho mais velho não tinha defeitos. Mas, quando viu a alegria de seu pai com o retorno do irmão mais novo, uma força oculta veio à tona. De repente, revela-se a pessoa ressentida, orgulhosa, severa e egoísta que estivera escondida e que, com o passar dos anos, se tornara mais forte e poderosa»[62].

O pai da parábola também se compadece do filho mais velho. Em vez de censurá-lo por seu comportamento, sai ao seu encontro e, para facilitar sua conversão, lembra-lhe sua incomparável dignidade de filho. «Filho, estás sempre comigo, e tudo o que é meu é teu», diz[63]. A parábola não esclarece se ele se converte, mas é possível

---

(60) Joseph Ratzinger, *Jesús de Nazaret*, La Esfera de los Libros, Madri, 2007, p. 253.
(61) Henri Nouwen, *El regreso del hijo pródigo*, p. 82.
(62) *Ibidem*, p. 78.
(63) Lc 15, 31.

arriscar uma hipótese. Caso seu perfeccionismo esteja enraizado, é difícil. É o caso das pessoas que se esforçaram muito e, porque não agiam por amor a Deus, não conseguiram olhar para si mesmas com indulgência, contaminadas como estavam pelo orgulho. Só gozavam de certa paz interior quando pensavam estar fazendo tudo bem, sem perceber a predileção que Deus tem por aqueles que admitem a própria miséria. Essas pessoas caem na mesma armadilha em que cai o irmão mais velho da parábola e, depois de anos de comportamento exemplar, não suportam nem a imperfeição dos outros, nem reconhecer que não têm reta intenção em seus desejos de melhorar. Por isso pensam: «Não é bom ser obediente, prestativo, cumpridor da lei, trabalhador e abnegado? Meus ressentimentos e reclamações parecem estar misteriosamente ligados a essas atitudes louváveis. Essa conexão me desespera»[64]. No entanto, esse mesmo desespero pode levar ao início de uma conversão. Trata-se da segunda hipótese. Para que ela se concretize, é preciso perceber que os *esquemas* falharam, abdicar da autossuficiência e descobrir, depois, com a ajuda da graça, que só vale a pena dar e receber amor verdadeiro. Essa entrega confiante liberta a alma da escravidão do orgulho.

Retidão de intenção na vida cristã

O filho mais velho da parábola tem, no fundo, um problema de retidão de intenção. O orgulho contaminara o cumprimento meticuloso de seus deveres morais. Em vez de buscar o bem dos outros por amor, ele se con-

---
(64) Henri Nouwen, *El regreso del hijo pródigo*, p. 82.

centra, por amor-próprio, em sua própria excelência. Também na vida cristã pode-se cair no mesmo moralismo perfeccionista. Sigrid Undset retrata, num de seus romances, uma freira exemplar que um dia percebe que «foi o orgulho, e não a humildade ou a gratidão pela morte de Nosso Senhor Jesus Cristo, o que a motivou. [...] Foi seu amor-próprio o que ela espalhou no pão seco enquanto as irmãs bebiam cerveja e comiam manteiga em suas fatias de pão preto»[65]. E não é fácil identificar essas intenções egocêntricas. Existem sintomas específicos – como a tendência a sentir-se sobrecarregado na hora de cumprir propósitos –, mas eles só são percebidos por quem examina a própria consciência com coragem e sutileza. «Mas os motivos que te levam a agir», escreve São Josemaria, «mesmo nas ações mais santas, não te parecem claros... e sentes uma voz lá dentro que te faz ver intuitos humanos..., com tal sutileza que se infiltra na tua alma a intranquilidade de pensar que não estás trabalhando como deves [...]. Reage logo, de cada vez, e diz: "Senhor, para mim nada quero. – Tudo por tua glória e por Amor»[66].

O orgulho às vezes leva a transformar a vida cristã em meio de satisfazer as ambições de alguém. Isso pode ocorrer até mesmo entre pessoas que entregaram suas vidas a Deus, o que as levará a posições de responsabilidade e, se não as conseguirem, as fará sobrecarregar os outros com um espírito crítico implacável e cruel. Elas se esforçam generosamente por um grande ideal, e talvez por isso lhes seja difícil ver que não buscam tanto a glória de Deus quanto a própria afirmação. «Eu vivia para

---

(65) Sigrid Undset, *Cristina, la hija de Lavrans. 1: La corona*, Encuentro, Madri, 1997, p. 149.
(66) Josemaria Escrivá, *Caminho*, n. 788.

os homens sob o pretexto de viver para Deus», reconhece um padre de Tolstói[67]. A falta de retidão de intenção pode corromper, de forma sorrateira, os mais nobres cuidados. Isso se reflete em outro romance: «Ele é um religioso que nunca perderá uma hora de oração, que nunca violará um preceito, que jamais discutirá uma ordem. É um religioso perfeito para fazer carreira [...]. No entanto, é um homem que não tem coração. Em seu lugar está a lei e, camuflada sob ela, a ambição, uma ambição terrível e consumidora»[68].

O orgulho torna difícil entender o que é santidade. Ela não consiste *numa perfeição e só*, mas numa *perfeição de amor*, num esforço para agradar ao Senhor que leva tanto ao esforço heroico de melhorar como à humildade de deixar-se amar nas próprias faltas. A santidade não é alcançada, mas recebida. É uma plenitude que Deus concede aos que reconhecem o próprio vazio e permitem que Deus o preencha. «Essencialmente, o *quid* da santidade é uma questão de confiança: depende do que o homem estiver disposto a deixar que Deus faça nele. Não é tanto o "eu faço", como o "faça-se em mim"»[69]. Não se trata de uma atitude passiva, mas de uma cooperação ativa com o Espírito Santo, cuja graça nos santifica transformando-nos internamente. A Virgem Maria é o melhor exemplo. Seu «faça-se em mim segundo a tua palavra»[70] é a expressão mais sublime de entrega amorosa à vontade

---

(67) Liev Tolstói, *El Padre Sergio* [Padre Sérgio], Salvat, Madri, 1969, p. 187.
(68) Santiago Martín, *El suicidio de San Francisco*, Planeta, Barcelona, 1998, pp. 177-178.
(69) Pilar Urbano, *O homem de Villa Tevere*, p. 148.
(70) Cf. Lc 1, 38.

divina. É por isso que o Senhor tem sido capaz – e pode! – operar maravilhas nela e por meio dela[71].

Na medida em que o edifício espiritual se assenta na humildade ou no orgulho, São Josemaria distingue entre a boa e a má *deificação*[72]. No segundo caso, o desejo de melhorar leva a um desejo doentio de autoafirmação, no qual agradar a Deus é amplamente esquecido. No fundo, esconde um eu insatisfeito impossível de ser saciado. Sua ditadura exclui toda paz interior porque o orgulho sempre exige grandes sacrifícios e nunca fica satisfeito. É como uma voz interior que nos repreende ao menor fracasso, como um desmancha-prazeres que nunca deixa de nos irritar. Essa atitude pode levar ao rigor moral, esquecendo que «o cristão não é nenhum maníaco colecionador de uma folha de serviços imaculada»[73]. O melhor, portanto, esconde o pior. «Mais de um homem», diz Lewis, «superou a covardia, a luxúria ou o mau caráter ao aprender a pensar que essas coisas não são dignas dele, [...] isto é, por orgulho. O demônio ri. Ele não está nem aí para como você se torna casto, valente e dono de seus impulsos, contanto que, em todos os momentos, possa infligir em você a ditadura do orgulho [...], do mesmo modo como não se importaria em curar suas frieiras se, em troca, pudesse lhe infligir um câncer»[74].

Uma autoestima humilde exclui tanto o orgulho quanto a comparação com os outros. Ela faz com que seus próprios méritos não importem, e assim nada o im-

---

(71) Cf. Lc 1, 49.
(72) Cf. Josemaria Escrivá, *Amigos de Deus*, n. 94.
(73) Josemaria Escrivá, *É Cristo que passa*, n. 75.
(74) C. S. Lewis, *Mero cristianismo*, pp. 137-138.

pede de se alegrar com o sucesso alheio. Por outro lado, quem sucumbe a essa *ditadura do orgulho* precisa ter a certeza de ser bom – e mais: melhor que os outros. Sua atitude se assemelha à do fariseu que, segundo a parábola, vai ao templo para rezar com um publicano. O fariseu se sente superior e, deleitando-se nas próprias virtudes, assim reza: «Ó, Deus, dou-te graças porque não sou como os outros homens, ganancioso, injusto, adúltero, nem como este publicano. Jejuo duas vezes por semana, pago o dízimo de tudo o que possuo»[75]. Há muita sabedoria nesta declaração de Lewis: «Sempre que nossa vida religiosa nos faz ter a impressão de que somos bons – e, acima de tudo, de que somos melhores que os outros –, podemos ter a certeza de que é o diabo, e não Deus, que está operando em nós. Sabemos que estamos na presença de Deus quando nos esquecemos completamente de nós mesmos ou nos vemos como objetos pequenos e desprezíveis. E o melhor é nos esquecermos completamente de nós mesmos»[76].

De todo modo, o fato de o orgulho corromper os desejos mais nobres não é desculpa para desistir do desejo de perfeição. É melhor aspirar à santidade da maneira errada do que ficar de braços cruzados. Trata-se de superar essa etapa imperfeita do amor por meio da purificação e com a paz interior própria de quem está protegido pelo olhar amoroso de Deus. Santa Teresa de Lisieux dizia que o Senhor a ensinara a não contar seus atos virtuosos e que ela procurava converter qualquer circunstância cotidiana, por menor que fosse, em ocasião de amá-

---

(75) Cf. Lc 18, 11-12.
(76) C. S. Lewis, *Mero cristianismo*, p. 137.

-lo. «A tua Teresa já não está nas alturas», escreve a uma das irmãs, «mas Jesus a ensina a aproveitar tudo, o bem e o mal que nela encontra. Ele a ensina a investir no banco do amor, ou, melhor ainda, investe por ela sem contar como se faz, pois isso é problema dEle, e não de Teresa. Basta que ela se abandone, que se entregue sem guardar nada para si, nem mesmo a alegria de saber quanto sua conta está rendendo»[77].

Reciprocidade: sintonia com o amado

A falta de retidão de intenção não está relacionada apenas ao orgulho. Também revela falta de harmonia com a pessoa amada. Esse é outro dos ensinamentos contidos na parábola do filho pródigo. O irmão mais velho carece de humildade, mas, além disso, não compreendeu o motivo do amor que levava o pai a pensar continuamente no bem-estar de seus dois filhos, enquanto eles cuidavam da própria vida sem se preocupar com a dor ou a alegria que poderiam causar. A parábola nos revela não apenas o caminho que o filho pródigo deve percorrer para voltar para casa, mas também a imensa dor do pai por sua perda, por aquela «lesão que inflige a si mesmo»[78]. Durante sua ausência, «seu pai vive preocupado: aguarda, espera seu retorno, perscruta o horizonte. Ele respeita a liberdade do filho, mas sofre»[79]. Essa é a face positiva do lado

---

(77) Teresa de Lisieux, em José Pedro Manglano, *Orar con Teresa de Lisieux*, p. 78.
(78) Pilar Urbano, *La madre del ajusticiado*, p. 38.
(79) João Paulo II, Mensagem para a XIV Jornada Mundial da Juventude, 1999, n. 4.

amargo de nossas ofensas a Deus: é a prova de que Ele nos ama. «É um Deus que se alegra com nosso carinho e que se magoa com nossa falta de amor»[80].

Nenhum dos dois irmãos sabe se colocar no lugar do pai. O pródigo fica surpreso com a magnanimidade com que é recebido. Em suas maquinações para voltar, planejara trabalhar como operário a fim de expiar sua culpa. Se soubesse que o pai passara o dia esquadrinhando o horizonte, teria voltado muito antes. A atitude do irmão mais velho, por sua vez, também deixa muito a desejar. Não está ciente de que seu comportamento *impecável* e frio também faz seu pai sofrer. Os dois deveriam pensar menos nos seus problemas pessoais e mais na dor causada pelo seu afastamento. Dessa distância física ou a partir de seu orgulho, eles voltariam com urgência ao pai. Péguy põe estas palavras na boca de Deus: «Tu me fazes esperar muito. Tu me fazes esperar muito tempo a penitência depois da culpa e a contrição depois do pecado»[81].

Muitas vezes, os cristãos podem incorrer nessa falta de sintonia com o Senhor. «Normalmente», observa Javier Echevarría, «olhamos para Deus como fonte e conteúdo de nossa paz, numa consideração verdadeira, mas não exaustiva. Em geral não pensamos, por exemplo, que também "podemos" confortar e oferecer descanso a Deus. Assim procederam os santos»[82]. Gustave Thibon vai mais longe. Entrevistado no final da vida, ele afirmou: «Por muito tempo, os homens oraram a um Deus-César;

---

(80) Javier Echevarría, *Itinerarios de vida cristiana*, p. 89.
(81) Em José Pedro Manglano, *Orar con poetas*, Desclée de Brouwer, Bilbau, 1999, p. 140.
(82) Javier Echevarría, *Eucaristía y vida cristiana*, Rialp, Madri, 2005, p. 203.

é hora de que ouçam o apelo de um Deus-escravo. [...] Depois da religião sobre a misericórdia de Deus para com os homens, veremos uma religião que vai cravar suas raízes na misericórdia do homem para com Deus?»[83].

Já vimos que o amor requer reciprocidade[84]. Podemos amar quem não nos ama, mas nesse caso não é possível estabelecer uma relação amorosa. Dá-se como na amizade: não podemos ser amigos de quem não quer ser amigo nosso. Estabelecer uma *relação de amor recíproco* com Deus é de importância decisiva na vida cristã. Como afirmou João Paulo II no início do milênio, «essa reciprocidade é o próprio fundamento, a alma da vida cristã»[85].

Os que não aprenderam a se conectar com as expectativas amorosas de Deus estão condenados a uma vida cristã superficial. Eles tratariam melhor o Senhor, a exemplo dos dois filhos da parábola, se conhecessem sua amorosa vulnerabilidade. Muitas vezes, quem ignora essa realidade misteriosa volta-se para o Senhor apenas quando tem algo a pedir-lhe, esquecendo-se do quanto lhe pode oferecer. Há outros que nem rezam: não praticam sua fé e acabam por reduzir o cristianismo a uma questão puramente ética. Apegam-se de maneira vaga a certos valores morais, sem perceber que o primeiro mandamento é: «Amarás o Senhor teu Deus com todo o teu coração, com toda a tua alma, com toda a tua mente e com todas as tuas forças»[86]. E não é apenas um imperativo moral. A principal razão de nossos esforços deve ter por inspira-

---

(83) Gustave Thibon, em *L'Agora*, 5, 1998.
(84) Cf. I, 2.
(85) João Paulo II, *Tertio millenio ineunte*, n. 32.
(86) Mc 12, 30. Cf. Mt 22, 37 e Lc 10, 27.

ção o desejo amoroso de agradar nosso Deus Pai, e não de fazê-lo sofrer por causa do dano que causamos a nós mesmos ao pecar. Comentando a conversão de São Paulo, André Frossard afirma com razão: «[...] o cristianismo não é uma concepção do mundo, e nem sequer uma regra de vida; é a história de um amor que recomeça com cada alma. Para o maior dos Apóstolos, fascinado até o final pela beleza de um rosto visto na estrada de Damasco, a verdade não é uma ideia a que se tenha de servir, mas uma pessoa a quem se deve amar»[87].

Conectar-se com as expectativas divinas é também uma grande ajuda para os cristãos coerentes, aqueles que desejam amar o Senhor de todo o coração e se esforçam para progredir na vida de oração. Todos nós batizados somos chamados à santidade: a amar o Senhor e os outros *tanto quanto possível*. Todavia, se ignorarmos a dor e a alegria que buscamos para o Senhor, poderemos cair em dois extremos possíveis: na indiferença de não querer complicar nossa vida ou na entrega voluntarista. Imaginemos uma pessoa que se esforça por cumprir fielmente todos os seus deveres religiosos e todos os seus deveres de estado. Todos os domingos, vai pontualmente à Santa Missa, confessa-se regularmente, não faz mal a ninguém, até tenta comportar-se da melhor maneira possível com os outros, tem um trabalho que lhe toma muito tempo, mas não descuida da família... Se lhe dissermos que isso não é suficiente e a encorajarmos a intensificar sua relação com o Senhor ou encontrar tempo para assistir aos meios de formação cristã, retiros espirituais etc., talvez nos diga, se não for inseguro e perfeccionista, que não vê

---

(87) André Frossard, *Grandes pastores*, Quadrante, São Paulo, 2012, p. 58.

motivos para complicar tanto sua existência. Por outro lado, talvez mude de atitude se, além de lhe explicar que a proximidade do Senhor melhora a qualidade e, portanto, também a felicidade em todos os seus amores, o fizermos ver a urgência que inspira o ardente Amor de Deus.

Como observa São João Crisóstomo, «não há nada que nos mova tanto a amar como o pensamento, por parte da pessoa que amamos, de que quem a ama deseja em grande medida ser correspondido»[88]. As necessidades alheias estimulam nossa generosidade. Se vemos um ente querido chorar, corremos para confortá-lo, assim como uma mãe vai aliviar o luto de um filho sem poupar esforços. Um pai de família que tinha dificuldade em acordar me contou sobre o paradoxal sacrifício que implicaria não se levantar à noite ao ouvir o choro de um de seus filhos pequenos. Em contraste, como é difícil amar quem não se deixa ser amado! Nada nos desanima tanto, na hora de fazer um sacrifício, quanto a impossibilidade de contribuir com algo para a pessoa que amamos. «Quem sabe até que ponto o amor pode anular todas as nossas forças quando de repente perdemos a possibilidade de ajudar quem mais amamos?»[89].

Portanto, é conveniente meditarmos sobre o impacto de nossos atos morais na dor e na alegria de Deus. A dor sentida pelo pai da parábola, imagem do divino, é pura e a alegria, intensa. Diante das ofensas, ele não elabora uma lista de queixas. Só preocupa-se com a felicidade de seus filhos. Sofre quando se afastam e se alegra quando voltam. Depois do regresso do mais novo, passa um ser-

---

(88) João Crisóstomo, *Homilia 14*, 1; PG 61, p. 498.

(89) Jan Dobraczynski, *Cartas* a *Nicodemo*, Herder, Barcelona, 1990, p. 17.

mão no mais velho: «Era preciso festejar e alegrar-se, porque este teu irmão estava morto e voltou à vida, tinha se perdido e foi encontrado»[90]. Ele fica feliz na medida em que ama, e Deus sempre nos ama infinitamente. Somos tudo para Ele. Deus nos ama como ama a si mesmo.

Existem aqueles que, ao ouvirem sobre a dor de Deus, objetam que Ele não pode sofrer, pois um de seus atributos essenciais é a impassibilidade. Portanto, é premente desenvolver uma *teologia da dor de Deus*. Certamente, o Ser Divino não está sujeito às paixões porque, como afirma Santo Ireneu, «é rico, perfeito e sem miséria alguma»[91], carecendo portanto de necessidades. Todavia, quando criamos para o Amor, parece que a única coisa que lhe *falta* é o nosso amor. Como afirma o *Catecismo*, «Deus tem sede de que o homem tenha sede dEle»[92]. Ele deseja nossa felicidade, que só é possível, porém, com nossa correspondência. Assim surge uma *miséria* misteriosa, que não implica qualquer imperfeição. Num mesmo ato criativo e amoroso, Deus escolhe dar o ser ao homem porque o ama. Trata-se, segundo Lewis, de uma «escolha pela qual o homem é tirado do nada para se tornar um ser amado por Deus, necessário e desejado de alguma forma pelo Ser de que, fora desse ato, nada precisa, pois é eternamente repleto de bondade»[93].

A perfeição divina não é diminuída por essa misteriosa indigência amorosa. Um não inviabiliza o outro. O amor leva à identificação com as alegrias e tristezas da pessoa

---

(90) Lc 15, 32.
(91) Santo Ireneu, *Adversus haereses*, livro IV, 13, 4: SC 100, p. 534.
(92) *Catecismo da Igreja Católica*, n. 2560.
(93) C. S. Lewis, *El problema del dolor*, Rialp, Madri, 2006, p. 57.

amada. Em Deus, essa identificação é infinita. Quem ama expõe-se a sentir alegria e dor. O amor, seja correspondido ou não, sempre traz consigo gratidão ou decepção. Também Deus, ao nos criar por amor, «tornou-se acessível e, portanto, também vulnerável»[94]. Como veremos,[95] a Paixão de Cristo é a revelação máxima da imensa dor de Deus Pai pelo dano que o homem inflige a si mesmo quando peca. «Muitas vezes o Livro Sagrado», afirma João Paulo II, «fala-nos de um Pai que sente compaixão do homem, como se partilhasse sua dor. Em última instância, a dor inescrutável e indizível daquele pai engendrará sobretudo a admirável economia do amor redentor em Jesus Cristo, [...] em cuja humanidade se verifica o *sofrimento* de Deus»[96]. A *impassibilidade* divina, em suma, não significa *indiferença*. Como recorda Bento XVI, «a fé cristã ensinou-nos que Deus – a Verdade e o Amor em pessoa – quis sofrer por nós e conosco. Bernardo de Claraval cunhou a maravilhosa expressão: *Impassibilis est Deus, sed non incompassibilis*[97]: Deus não pode padecer, mas pode compadecer-se»[98].

Estamos, portanto, diante de um grande mistério. Deus é ao mesmo tempo impassível e compassivo, transcendente e envolvente, absoluto (não vinculado a ninguém) e livremente unido a todos por laços de amor. Nossa inteligência é incapaz de compreender como am-

---

(94) Joseph Ratzinger, *Jesús de Nazaret*, p. 178.
(95) Cf. II, 2.
(96) João Paulo II, *Dominum et vivificantem*, n. 39.
(97) Bernardo de Claraval, *In Cantica Canticorum*, Sermo 26, 5; PL 183, p. 906.
(98) Bento XVI, *Spe salvi*, n. 39. Ver também *Jesús de Nazaret*, p. 116; e *Deus caritas est*, nn. 9-10.

bas as realidades coexistem em Deus. De todo modo, o divino é inimaginável, mas não menos real por causa isso. A verdade é que todo espanto é pequeno diante dessa realidade inefável. «Se Deus precisa de nós, trata-se de uma necessidade escolhida por Ele. A razão pela qual o imutável coração divino pode se afligir pelos títeres que saem de Suas mãos é a submissão livre – só ela – da onipotência divina, realizada com humildade superior à nossa capacidade de compreensão»[99]. Como aconteceu com a Virgem Maria[100] ao entoar o *Magnificat*, também nós ficamos maravilhados ao perceber que, mesmo valendo tão pouco, Deus se importa tanto conosco.

---

(99) C. S. Lewis, *El problema del dolor*, p. 57.
(100) Cf. Lc 1, 46-55.

II
Diversas manifestações

Saber, sentir e tocar

Um artista holandês se perguntava: «Sabendo que existe um Deus Todo-poderoso que me ama e se compadece de mim, como é possível que eu me preocupe ou me inquiete?»[1]. Talvez algo semelhante aconteça conosco. Se não mudamos radicalmente, talvez seja porque nosso conhecimento do amor de Deus seja apenas teórico. Não é o mesmo que nos digam que nos transferiram cem milhões de euros para uma conta bancária na Suíça do que nos entregarem dois milhões de notas de cinquenta euros. É fácil amar o Senhor loucamente se percebermos a profundidade de seu amor. «Que Cristo nos ama é o grande segredo», escreve Dietrich von Hildebrand, «o segredo mais íntimo de cada alma. É a realidade mais inconcebível; é uma realidade que transforma a vida de qualquer

---

(1) Toon Hermans, *Gebedenboekje*, Fontein, Baarn, 1989, p. 29.

um que a perceba plenamente. Para isso, no entanto, não basta um mero conhecimento teórico, mas uma experiência desse amor semelhante ao do amor da pessoa amada»[2]. Nas palavras de Bento XVI, cada um de nós precisa, em última instância, da «experiência de ser amado por Jesus Cristo de maneira totalmente pessoal»[3].

Para que o Amor de Deus permeie nossas vidas, não basta saber ou sentir. «Pouco a pouco», dizia São Josemaria, «o amor de Deus – embora não seja coisa de sentimentos – torna-se tão palpável como uma farpa na alma»[4]. *Tocar* é muito mais profundo do que *sentir* e *saber*. Um ditado japonês ilustra bem a diferença. Diz assim: «Quando morre uma criança, os conhecidos sofrem com a cabeça; os amigos, com o coração; a mãe, com toda a profundidade de suas entranhas». Como ensina Bento XVI, devemos penetrar progressivamente no Coração de Cristo: «Assim poderemos compreender melhor o que significa conhecer o amor de Deus em Jesus Cristo, *experimentá-lo* com o olhar fixo nEle, até *viver* completamente da experiência desse amor para poder *testemunhá-lo* aos outros»[5].

Essa consciência profunda do Amor de Deus vai se forjando pouco a pouco ao longo da vida. É o resultado misterioso da ação da graça e de nossa correspondência. Essa colaboração se concretiza, antes de tudo, na tentativa de melhorar as disposições interiores, pois, como adverte o mesmo Bento XVI, «um conhecimento autêntico do

---

(2) Dietrich von Hildebrand, *op. cit.*, p. 16.

(3) Bento XVI, Homilia de 28 de junho de 2008, na abertura do ano paulino.

(4) Josemaria Escrivá, *É Cristo que passa*, n. 8.

(5) Bento XVI, Homilia de 15 de maio de 2006, por ocasião do 50° aniversário da encíclica *Haurietis aquas*.

amor de Deus só é possível no contexto de uma atitude de humilde oração e generosa disponibilidade»[6]. Nossa correspondência à graça também se traduz no esforço diário por buscar, tratar e amar o Senhor. Com o tempo, sua companhia se torna uma necessidade. Se não descuidamos dos momentos de oração, o Senhor vai roubando nosso coração e, como diz São Josemaria, «dá passagem à intimidade divina, num olhar para Deus sem descanso e sem cansaço. Vivemos então como cativos, como prisioneiros. Enquanto realizamos com a maior perfeição possível, dentro dos nossos erros e limitações, as tarefas próprias da nossa condição e do nosso ofício, a alma anseia por escapar-se. Vamos rumo a Deus, como o ferro atraído pela força do ímã. Começamos a amar Jesus de forma mais eficaz, com um doce sobressalto»[7].

Para facilitar essa ação da graça, examinemos agora as manifestações do Amor de Deus que mais nos dignificam: a filiação divina, a Encarnação e a Redenção. Um mesmo amor leva Deus a nos criar, a nos tornar seus filhos e, depois de nossa rejeição, a se encarnar para nos redimir.

Filiação divina

O caminho por excelência para que o cristão perceba sua dignidade passa pela consciência de sua filiação divina em Cristo. Se Deus é o Grande Rei do universo, seus filhos são príncipes. E não se trata de um mero título nobiliárquico ou honorífico, mas de uma alegre realidade. Já no Antigo Testamento, Deus começa a revelar seu amor

---

(6) *Ibidem.*
(7) Josemaria Escrivá, *Amigos de Deus*, n. 296.

por cada homem. Ele nos diz, por meio do profeta Isaías: «Não temas, porque eu te salvei, chamei-te pelo teu nome e tu me pertences. [...] Porque tu és aos meus olhos de grande estima, de grande valor, e eu te amo»[8]. O que estava latente na Antiga Aliança, com Cristo fica claro. São João se maravilha ao considerar nossa dignidade incomparável. Exclama: «Que grande amor teve o Pai por nós, para nos chamar de filhos de Deus! E nós somos»[9]. «Não somos órfãos», diz João Paulo II. «O amor é possível. Porque, como sabeis muito bem, ninguém pode amar se não se sentir amado»[10].

Nunca meditaremos o suficiente sobre essa ditosa realidade. São Leão Magno o sintetiza bem quando afirma: «Reconhece, ó cristão, tua dignidade e, porque agora participas da natureza divina[11], não voltes para tua antiga vileza com uma vida depravada. [...] Pois o preço com que fostes comprados é o sangue de Cristo»[12]. Todo espanto fica aquém desse fato. Vale a pena considerá-lo com assiduidade, porque, como exclama São Josemaria a respeito da filiação divina, «o homem tem uma capacidade tão estranha de esquecer as coisas mais maravilhosas e acostumar-se ao mistério!»[13].

A divinização que Cristo nos prometeu abre para nós perspectivas maravilhosas. «O Filho Unigênito de Deus»,

---

(8) Is 43, 1 e 4.
(9) 1 Jo 3, 1.
(10) João Paulo II, Mensagem para a XIV Jornada Mundial da Juventude, 1999, n. 3.
(11) Cf. 2 Pe 1, 4.
(12) Leão Magno, *Homilia 1 no Natal* (no *Ofício divino*, segunda leitura de 25 de dezembro).
(13) Josemaria Escrivá, *É Cristo que passa*, n. 65.

ensina Santo Tomás de Aquino, «querendo nos fazer compartilhar de sua divindade, assumiu nossa natureza, para que, feito homem, fizesse dos homens deuses»[14]. Ele deseja nos divinizar. Se não nos espantamos mais com essa maravilha, talvez seja porque não a consideramos de maneira realista. Falando dessas promessas, São Pedro escreveu que o Verbo se encarnou para nos tornar «partícipes da natureza divina»[15]. Santo Atanásio endossa-o da seguinte forma: «O Filho de Deus fez-se homem para que o homem se fizesse Deus»[16]. Não entendemos como é possível divinizar um homem, mas sabemos que, se Deus se fez verdadeiro homem sem deixar de ser Deus, o contrário pode muito bem acontecer. A estrutura da pessoa humana pode ser comparada à de um edifício em cujo terraço se poderia continuar a construir até o céu – até Deus.

Como meros seres humanos, não valemos muito, mas Deus nos destinou a ser livremente exaltados por meio de um dom que nos diviniza. Se usarmos bem de nossa liberdade e aceitarmos a oferta divina, receberemos a maior dignidade imaginável: a de ser filhos de Deus. Como afirma Javier Echevarría, «a filiação divina, o chamado de Deus a ser seus filhos em Jesus Cristo, é um tesouro incomparável, por sua riqueza, com o bem mais precioso da terra»[17]. Quem entende tal dignidade experimentará aquele orgulho saudável de filho de Deus que, com justificado atrevimento, fez com que São João da Cruz exclamasse: «Meu é o céu e minha é a terra. [...] O que

---

(14) Tomás de Aquino, *Opusc. 57 in festo Corporis Christi*, lect. 1.
(15) 2 Pe 1, 4.
(16) Atanásio de Alexandria, *In incarnatione*, 54, 3.
(17) Javier Echevarría, *Itinerarios de vida cristiana*, p. 11.

estás pedindo e procurando, minh'alma? Teu é tudo isso, e tudo para ti»[18].

Como filhos pequenos

A filiação divina constitui o *fundamento da vida cristã*. Se nos reconhecermos filhos de um Pai tão bom, iremos tratá-lo com familiaridade e nos abandonaremos com confiança a Ele. Dessa forma, cada uma de nossas ações é iluminada. Para compreender isso, ajuda observar como a criança trata o pai, com que cumplicidade atrai sua atenção, desperta um sorriso, aprecia sua presença ou procura um carinho. Assim também nós podemos imaginar o olhar inefável de nosso Pai amoroso. Se fizermos isso com frequência, viver na presença de Deus se tornará uma necessidade de nossa alma. «O Senhor», afirma São Josemaria, «fez com que vivêssemos em sua casa no meio deste mundo, que fôssemos da sua família, que as suas coisas fossem nossas e as nossas suas, que tivéssemos com Ele essa familiaridade e confiança que nos faz pedir, como uma criança, a própria lua!»[19].

«Assim como um pai sente ternura por seus filhos, o Senhor sente ternura por seus fiéis», diz um dos Salmos[20]. A analogia com a paternidade humana nos ajuda a mergulhar na bondade divina. Muitas anedotas servem para ilustrar tal realidade. O primeiro desenho de uma criança, por exemplo, é muito mais do que um rabisco aos olhos do pai, que o olhará com atenta curiosidade e com mais carinho. Da mesma forma, nada do que fazemos é insig-

---

(18) João da Cruz, *Oração da alma enamorada*.
(19) Josemaria Escrivá, *É Cristo que passa*, n. 64.
(20) Sl 103 (102), 13.

nificante aos olhos de Deus. Não poremos tanta ênfase no valor do nosso *desenho* como no amor misericordioso com que o olha. Com toda razão, São Bernardo afirmava: «Meu único mérito é a misericórdia do Senhor. Não serei pobre em méritos, contanto que Ele não seja pobre em misericórdia. E, porque a misericórdia do Senhor é muita, meus méritos são muitos também»[21]. O valor de nossos pequenos obséquios é multiplicado pelo quanto Deus nos ama. Dá-se como aquela ajuda que um menino insiste em oferecer ao pai para carregar as compras. É óbvio que ele não é forte o suficiente para carregar muito peso, mas basta dar-lhe uma sacola com pouco conteúdo para fazê-lo acreditar que sua colaboração foi tão decisiva quanto inestimável. A criança se sente importante, enquanto o pai se comove com sua generosidade.

Sem temor

Sabermos que somos filhos de um Pai tão bom nos ajuda a retificar o conceito de temor de Deus e a purificar o orgulho que muitas vezes macula o desejo de progredir em nossa vida cristã. Já vimos[22] que a soberba leva a distorcer as intenções de Deus para com suas criaturas, «colocando em dúvida a verdade do Deus-amor e fazendo restar apenas a consciência da relação entre senhor e escravo»[23]. Com essa falsa imagem de Deus, há aqueles que se rebelam contra Ele – mas nem todos. Outros não o abandonam, mas se submetem com

---

(21) Bernardo de Claraval, *In Cantica Canticorum*, Sermo 61, 5, em *Opera omnia*, 2, p. 151.
(22) Cf. I, 1.
(23) João Paulo II, *Cruzando el umbral de la esperanza*, p. 221.

a mentalidade de escravos. Limitam-se a cumprir seus deveres religiosos por medo de ser punidos. Acreditam que cairão em desgraça diante de um Deus que veem, antes de tudo, como um dominador. Esse medo servil provém, em última análise, de se ter menosprezado o Amor divino.

Quatro mil anos atrás, os homens estavam muito longe da verdade. Deus, ao se revelar, como um bom pedagogo, avançou por etapas. O Antigo Testamento é comparável à educação primária; o Novo Testamento, ao ensino médio. No Antigo Testamento, sem muitas nuances, mostram-se as verdades mais básicas, como a grandeza de Deus Criador, o consequente *temor reverencial*, a atitude de profundo respeito e louvor que Ele merece... No Novo Testamento, Jesus Cristo, ao nos revelar a profundidade do Amor de Deus, nos ensina um novo tipo de temor: o *temor filial*, que é típico de quem se sabe filho de Deus e só teme ferir o coração do Pai. O novo não substitui o velho, mas o transcende[24]. Da mesma forma, o temor filial não exclui o temor reverencial; por isso, na catequese cristã, antes de falar da filiação divina, deveríamos cultivar um profundo respeito por esse Deus que nos criou e nos julgará. Não se trata de incutir um *temor servil*, mas de uma atitude de respeito para com o sagrado e de espanto diante da blasfêmia. Saber que Deus me julgará poderia instilar em mim um medo excessivo, porém se eu for realista, quem eu teria de temer não é Deus, mas a mim mesmo, pois posso fazer mau uso da minha liberdade, privando-me do dom eterno que Deus me quer conceder.

---

(24) Cf. Mt 5, 17.

Internalizar profundamente a realidade da filiação divina é o melhor antídoto contra o *temor servil*. São Josemaria dizia que não entendia outro temor de Deus senão o do filho que sofre porque desagradou seu pai. Se estamos cientes da proximidade constante e carinhosa de um Pai tão bom, «já não há lugar nem para a atitude fria e encolhida, entre farisaica e puritana, que reduz a religiosidade a uma mera tentativa de estar de acordo com um Deus da severidade, nem para a superficialidade ou rotina no trato com Deus»[25]. Por trás de atitudes religiosas escrupulosas e perfeccionistas sempre encontramos uma mistura explosiva de boa vontade, amor-próprio e temor servil. Este temor exclui o amor: «Quem teme não é perfeito na caridade», sentencia São João[26]. «Para nós, o temor de Deus reside no amor»[27].

A falta de sintonia com as intenções amorosas de Deus Pai às vezes comporta desassossegos profundos, como demonstram as pessoas de temperamento inseguro que inconscientemente menosprezam o Amor de Deus. É isso que os amarra e que poderia libertá-las. Seu relacionamento com Deus se tornou um fardo desnecessário, ao passo que seriam imensamente felizes caso se conectassem com seu Amor. Elas reduzem a vida cristã «a um entrançado aflitivo de obrigações, que deixa a alma submetida a uma tensão exasperante»[28]. No fundo, é a falta de autoestima humilde que deteriora seu relacionamento com Deus e leva a todos os tipos de dores de cabeça. Alguns se asfi-

---

(25) Javier Echevarría, *Itinerarios de vida cristiana*, p. 16.
(26) 1 Jo 4, 18.
(27) Santo Hilário, *Tratado sobre os salmos*, Salmo 127, 1-3: CSEL 24, p. 630.
(28) Josemaria Escrivá, *Amigos de Deus*, n. 137.

xiam tanto em sua luta por melhorar que preferem cruzar os braços. Outros lutam, mas o fazem de forma perfeccionista; seu desejo de melhorar é motivado sobretudo pelo desejo obsessivo de estar em boa situação diante de Deus. «Quando penso no Reino de Deus», relata Nouwen, «a ideia de Deus como guardião de um enorme marco celestial imediatamente me vem à mente, e sempre tenho medo de não atingir a pontuação necessária. Contudo, quando penso na chegada de Deus ao mundo, descubro que Deus ama com um amor divino, um amor que dá a cada homem e a cada mulher sua singularidade, sem nunca fazer comparações»[29].

Amor gratuito e incondicional à espera de retidão e reciprocidade

As pessoas que tendem a afligir-se com as exigências da vida cristã devem meditar assiduamente acerca das características do Amor de Deus. Acima de tudo, trata-se de um amor *gratuito*. Sempre precede o nosso. Ele não nos ama porque merecemos, mas porque Ele é bom. Deus não espera que estejamos à altura. Em vez disso, deseja que abdiquemos de nossa autossuficiência e aceitemos o seu amor. Se um professor, desde o início, nos criticasse, seria inútil fazer um trabalho adicional para aumentar nossa nota. Deus, porém, não nos pede que o amemos como condição para nos amar mais, mas porque sabe que seremos felizes na medida em que nos unirmos com amor a Ele. Ele «quer mais a cada um de nós do que todas as

---

(29) Henri Nouwen, *El regreso del hijo pródigo*, p. 111.

mães do mundo podem querer a seus filhos»[30]. E o faz *incondicionalmente*, como se ama um filho único. Parece que Deus só sabe ter filhos únicos. Ele nos ama, a cada momento, tal como somos. Mesmo que nos fizesse cem vezes melhores ou cem vezes piores do que somos agora, não nos amaria mais ou menos, pois hoje já nos ama com toda a sua imensa capacidade de amar. Portanto, mesmo que tentássemos ofendê-lo, impedi-lo de nos amar seria impossível. O que podemos impedir, já que diz respeito à nossa liberdade, é que seu amor nos alcance (é inútil que Ele nos ame se não nos deixarmos amar).

O Amor de Deus é a chave para crescermos em *retidão de intenção*. Sabermos o quanto somos amados nos confere uma dignidade extraordinária, que sacia nossa sede de estima. É fácil nos esquecermos de nós mesmos se lembrarmos que, subjetivamente, somos tudo para quem é, objetivamente, tudo. Sabendo que somos objeto da complacência divina, seremos capazes de purificar o desejo de melhorar. Podemos fazer coisas apenas para Ele, e não para satisfazer nosso orgulho. Seu amor nos liberta da vaidade: torna-nos capazes de fazer tudo por amor a Ele e aos outros. Faremos primeiro por Ele, para agradá-lo, pois, embora a Deus, por *natureza*, nada falte, ao ter Ele nos criado por amor pode-se dizer que nosso amor é a única coisa que lhe *falta*. Esse amor recíproco culminará no Céu, com uma união de amor eterna.

Por último, o Amor de Deus busca a *reciprocidade*. É ousadia imaginar uma relação com Deus de igual para igual, ainda que seja o seu amor a nos elevar à sua altura. De maneira inefável, mas verdadeira, seu amor o leva a se

---

(30) Josemaria Escrivá, *Caminho*, n. 267.

identificar com tudo o que é nosso. Se nos comportarmos mal, isso o machuca indescritivelmente; e, se o amamos e nos deixamos amar, damos-lhe infinita alegria. Essa dor e essa alegria são inimagináveis. Porém, como veremos em seguida, a Encarnação torna tudo mais fácil.

Amizade recíproca com Cristo

O caminho para Deus culmina num profundo senso de nossa filiação divina, mas deve passar por uma relação íntima de amizade com Jesus Cristo. Dessa forma é muito mais fácil estabelecer uma *relação de amor recíproca* e de fato entrar na *pele* dele. Deus *sente* infinitamente mais do que o homem, embora essa realidade seja um mistério insondável. Não podemos fazer uma ideia precisa da dor e da alegria de um Ser infinito, mas os sentimentos de Jesus são perfeitamente imagináveis. Por essa razão, ele afirmou ser o «caminho»[31] para chegar ao Pai.

«Causa-me uma profunda alegria», diz São Josemaria, «considerar que Cristo quis ser plenamente homem, com carne como a nossa. Emociona-me contemplar a maravilha de um Deus que ama com coração de homem»[32]. Esse espanto diante de um Deus tão grande que se faz tão pequeno é lógico. É impressionante contemplar, em Belém, o Todo-poderoso como uma criança indefesa e desvalida. O fato de Deus se dignar a compartilhar nossa natureza humilde nos *dignifica*: mostra o quanto se preocupa conosco e «como cada homem se torna grande por

---

(31) Jo 14, 6.
(32) Josemaria Escrivá, *É Cristo que passa*, n. 107.

este mistério»³³. Porém, antes de apontar as razões pelas quais a Encarnação é motivo de ação de graças, convém fazer uma breve incursão teológica nos dados revelados por Deus.

Verdadeiro Deus e verdadeiro homem

Há vinte séculos, o Verbo, consubstancial ao Pai, assumiu uma natureza humana íntegra, tornando-se homem igual a nós «em tudo, exceto no pecado»³⁴. Cristo é, portanto, verdadeiro Deus e verdadeiro homem³⁵. Suas duas naturezas são infinitamente diferentes, mas subsistem na mesma pessoa (a Segunda Pessoa da Santíssima Trindade). Jesus Cristo é Deus perfeito e homem perfeito. Não é *menos* Deus porque se fez homem, nem *menos* homem porque é Deus. E, dado que nEle existem duas naturezas, também existem duas inteligências e duas vontades.

Como afirma a liturgia, as duas naturezas de Cristo fundem-se «sem mistura ou divisão»³⁶. Isso significa que não se parece nem com algum tipo de híbrido humano-divino, nem com duas pessoas unidas como gêmeos siameses. O Magistério da Igreja definiu que ambas as naturezas estão unidas «sem confusão, sem mudança, sem divisão e sem separação»³⁷. *Sem confusão* quer dizer que o Verbo assumiu a natureza humana sem absorvê-la³⁸, ou seja, a natureza humana de forma alguma é inundada pela natureza

---

(33) João Paulo II, Alocução de 5 de junho de 1979.
(34) Hb 4, 15.
(35) Cf. *Catecismo da Igreja Católica*, nn. 456-483.
(36) *Ofício divino*, Laudes de 1º de janeiro, Antífona «Ad Benedictus».
(37) Concílio de Calcedônia, *Denzinger*, n. 302.
(38) Cf. Concílio Vaticano II, *Gaudium et spes*, n. 22.

divina. Ela preserva, por exemplo, todos os imperativos próprios de um coração humano perfeito. Se Deus fosse comparável a um oceano e o homem, a uma gota d'água, a Encarnação significaria que o *oceano*, sem deixar de sê-lo, tornou-se simultaneamente uma *gota d'água* sem que nele se dissolvesse. Portanto, seria até melhor dizer que é como uma *gota de azeite* num oceano de água[39].

Visto que as duas naturezas de Cristo não se misturam nem se confundem, é possível tratá-lo como homem sem esquecer que também é Deus. E nos convém fazer assim porque, como homem, Ele compartilha de nossos sentimentos, o que facilita muito nossa sintonia com Ele. Sem desrespeitá-lo, podemos tratá-lo como nosso melhor amigo com muita liberdade e confiança, de igual para igual. Isso permite, por exemplo, que ao nos aproximarmos de um sacrário, considerando sua divindade e sua presença real, nos ajoelhemos com todo o respeito e, ao mesmo tempo, falemos com Ele com a mesma simplicidade e familiaridade com que conversamos com um bom amigo. O tratamento com Maria, se aprendemos a amá-la filialmente, parece-nos inicialmente mais fácil porque, embora seja a Santíssima Mãe de Deus, é uma criatura como nós. Além disso, Ela é nossa Mãe, e não é difícil ser íntimo de uma boa mãe. Teremos a mesma experiência se soubermos nos aproximar da Santíssima Humanidade de Cristo

---

(39) Em suma, dois erros possíveis devem ser evitados: tratar Jesus Cristo como se não fosse realmente homem ou como se não fosse realmente Deus. O primeiro equivaleria, na prática, a cair na antiga heresia do monofisismo; o último nos levaria a outra heresia ainda mais antiga: o arianismo. Aqueles que minam a natureza humana de Cristo geralmente o tratam com grande respeito, mas sem familiaridade. Quem não acredita na sua divindade tende a falar de «Jesus de Nazaré» no mesmo tom asséptico que usaria se falasse de Sócrates ou de qualquer outra figura histórica.

dessa forma. Daí o conselho de São Josemaria: «Perde o medo de chamar o Senhor pelo seu nome – Jesus – e de lhe dizer que o amas»[40].

Essa facilidade que temos para tratar e amar o Senhor é um claro *motivo de ação de graças*. O próprio santo o expressa: «Obrigado, meu Jesus!, porque quiseste fazer-te perfeito Homem, com um Coração amante e amabilíssimo, que ama até a morte e sofre; que se enche de júbilo e de dor»[41]. Deus não se encarnou apenas para completar a Revelação e levar a Redenção a cabo, mas também para se tornar mais próximo e acessível aos homens. François Mauriac afirma com sincera exuberância: «Se eu não tivesse conhecido Cristo, Deus seria para mim uma palavra sem sentido. Exceto por uma graça muito particular, o Ser infinito seria inimaginável para mim. O Deus dos filósofos e dos eruditos não ocuparia nenhum lugar na minha vida moral»[42]. O Amor de Deus é indizível, mas Cristo o revela em palavras que podemos entender. Precisamos que o mais elevado penetre em nós por meio de realidades tangíveis. Com a Encarnação, afirma São Leão Magno, «Aquele que era invisível por sua natureza torna-se visível na nossa, Aquele que era inacessível à nossa mente quis tornar-se acessível, Aquele que existia antes do tempo começou a existir no tempo»[43]. Agora é possível conectar-se com o divino por meio do humano. O Homem-Cristo é como uma cópia reduzida da imensa ternura de Deus Pai. Fomos criados à sua imagem e semelhança, mas na

---

(40) Josemaria Escrivá, *Caminho*, n. 303.
(41) Josemaria Escrivá, *Sulco*, n. 813.
(42) François Mauriac, *Vida de Cristo*; ver Julián Herranz, *En las afueras de Jericó*, p. 408.
(43) Leão Magno, *Carta 28* a Flaviano, 4, PL 54, p. 767.

Santíssima Humanidade de Cristo a semelhança é máxima. A lua é apenas um reflexo do sol; mas, por ser menos brilhante, vemo-la melhor.

Entrar em sintonia com os sentimentos de Cristo

É fácil amar a Cristo se, cientes da «profundidade da Encarnação»[44], percebemos os sentimentos que inflamam Seu coração[45]. «Em Cristo», recorda João Paulo II, «Deus assumiu verdadeiramente [...] um coração humano, capaz de todas as expressões de afeto»[46]. Convém meditar sobre o Evangelho para se ter uma ideia da «santa afetividade da Santíssima Humanidade de Cristo»[47]. Sua *extraordinária capacidade de afeto* se manifesta em infinitos detalhes: ele abraça crianças[48], ama seus amigos[49], fica profundamente comovido quando Lázaro morre[50], olha com carinho para o jovem rico[51], cuida para que seus discípulos possam descansar em um ambiente familiar[52]. Sua compai-

---

(44) Josemaria Escrivá, *Amigos de Deus*, n. 74.
(45) Há um paralelo entre a ordem da graça e a ordem da vida. A identificação com Cristo é o ponto de partida e a meta. O batismo, ao fazer-nos filhos de Deus, constitui-nos «outro Cristo» (cf. Gl 2, 19-20). E, como irmãos, somos chamados a partilhar dos sentimentos de seu Coração. A identificação com Cristo que a graça nos confere deve ser acompanhada, na prática, pelo esforço de nos unirmos com amor à sua Humanidade Santíssima.
(46) João Paulo II, *Rosarium Virginis Mariae*, n. 26.
(47) Dietrich von Hildebrand, *El corazón, op. cit.*, p. 22.
(48) Cf. Mc 9, 36.
(49) «Jesus amava Marta, amava sua irmã e Lázaro» (Jo 11, 15).
(50) Cf. Jo 11, 33-35 e 38.
(51) Cf. Mc 10, 21.
(52) Cf. Mc 6, 31.

xão pelos que sofrem é particularmente impressionante[53]. Lembremo-nos, a título de exemplo, de como Ele cuida da dor da viúva de Naim, que está sepultando seu filho único. «Quando a viu», diz São Lucas, «o Senhor teve dela compaixão e disse: "Não chores"»[54]. E, movido por uma daquelas «razões do coração que a razão não entende»[55], abre uma exceção: ressuscita o filho sem pedir à mãe um sinal de fé. O milagre, diz São Josemaria, foi uma «manifestação do poder de Cristo-Deus. Mas antes tivera lugar a comoção da sua alma, manifestação evidente da ternura do coração de Cristo-Homem»[56].

Essa reflexão também nos ajuda a perceber o *quanto* e *como* Jesus sente. Há, de fato, uma diferença de *intensidade* e *qualidade* entre os sentimentos de Cristo Ressuscitado e os nossos. Nossas ações o afetam com uma intensidade proporcional ao seu amor. Quanto mais perfeito é um homem, maior é sua capacidade afetiva, embora nenhum sentimento humano seja infinito. Portanto, o afeto de Jesus será pelo menos dezenas de vezes mais intenso do que o do homem mais santo que já existiu. Coloquemos isso em números para tornar as coisas mais tangíveis. Se o Coração de Jesus for cem vezes maior que o nosso, o que nos acontecer, para o bem ou para o mal, o influenciará cem vezes mais. Além disso, há ainda uma diferença qualitativa entre os sentimentos de Cristo e os nossos. Já vimos que, em nós, as alegrias e as tristezas estão ligadas ao coração e ao orgulho[57]. NEle, por sua vez, não há egoísmo de qual-

---

(53) Cf., por exemplo, Mt 9, 2; Mt 9, 36; Mc 6, 34.
(54) Lc 7, 13.
(55) Cf. Blaise Pascal, *Pensamentos*.
(56) Josemaria Escrivá, *É Cristo que passa*, n. 166.
(57) Cf. I, 2.

quer espécie. Suas alegrias são destituídas de vaidade e suas tristezas nada têm que ver com orgulho ferido. Ele gosta e sofre apenas porque nos ama. Nenhum sentimento de alegria e dor é tão belo como no Coração de Jesus.

Se nos sintonizarmos com seu Coração, sentir-nos-emos impelidos a dar-lhe muitas alegrias, tanto com nossa dedicação generosa quanto com nossa humilde contrição. «Permanecei em mim e eu permanecerei em vós», disse-nos Jesus[58]. Ele nunca deixa de nos amar. Por isso, sentimo-nos compelidos a lhe dar alegrias e consolá-lo pela dor causada pelos pecados, tanto os nossos como os dos outros. Se percebermos a magnitude dessa dor, sentiremos grande tristeza. Comentando a Paixão, José Pedro Manglano exclama: «Como gosto de ti assim, a precisar de consolo! [...] Acredito que não há nada maior do que um Deus que dá pena... se a pena é de amor»[59]. Essa pena é um incentivo eficaz para nossa generosidade. Tão belo é enxugar as lágrimas de alguém que chora! Arrancar o sorriso de um rosto triste é como, no meio de um céu nublado, fazer resplandecer de súbito um sol forte.

Lope de Vega condensa num de seus sonetos mais conhecidos as prementes expectativas amorosas de Jesus Cristo:

> Que tenho, cuja amizade procuras?
> Que gana, Jesus meu, te faz desperto
> À porta minha, de orvalho coberto,
> Nas noites de inverno, assaz escuras?

---

(58) Jo 15, 4.
(59) José Pedro Manglano, *¿Se puede aprender a sufrir?*, Desclée de Brouwer, Bilbau, 1999, pp. 52 e 56.

Ó, mas eram-me as entranhas duras,
Pois não abri! Que estranho desvario:
Por minha ingratidão o gelo frio
Secou as chagas de tuas solas puras!

Quantas vezes o anjo me dizia:
«Assoma-te, alma, logo à ventana,
Verás com quanto amor chamar porfia!»

E outras quantas, beleza soberana,
«Amanhã lhe abriremos» respondia,
Para armar amanhã a mesma trama[60].

Da amizade com Cristo à contemplação

Jesus deseja estabelecer com cada um uma estreita relação de amizade[61]. Podemos tratá-lo como um amigo muito querido a quem revelamos o mais íntimo de nós. Ninguém nos entende e nos ama como Ele. Ele é o amigo ideal. Só Ele nos ama com o respeito que caracteriza os melhores amigos e com o intenso carinho típico dos apaixonados. Como afirma São Josemaria: «Jesus é teu amigo. – O Amigo. – Com coração de carne como o teu. – Com olhos de olhar amabilíssimo, que choraram por Lázaro... – E, tanto como a Lázaro, te ama a ti»[62].

Pode-se objetar que não é fácil fazer amizade com alguém que não vemos. Mas conversar com Jesus, mesmo que não o vejamos, não é tão difícil se o conhecemos bem.

---

(60) «¿Qué tengo yo que mi amistad procuras?», em tradução de Hugo Langone.
(61) Cf. Jo 15, 15.
(62) Josemaria Escrivá, *Caminho*, n. 422.

Vimos que a leitura do Evangelho e a meditação permitem-nos conhecer seus sentimentos. Além disso, Ele está sempre em cada sacrário, e no trato diário com Ele aprendemos a reconhecer sua voz nas profundezas da alma. Pode-se tratá-lo com a mesma naturalidade com que tratamos uma pessoa querida depois de ficarmos cegos e meio surdos: apesar de não vê-lo ou ouvi-lo bem, bastaria sabermos que Ele nos vê e nos ouve. Conhecendo-o bem, intuiríamos como recebe o que lhe dizemos. Assemelha-se isso a quando um filho, longe de casa, manda uma carta para a mãe. Imagina suas reações enquanto escreve e evita dizer a ela, por exemplo, que onde ele está se come muito mal.

Ainda não vemos Jesus, mas Ele nos vê. Embora se esconda para não nos intimidar, toda a nossa vida pode transcorrer sob seu olhar. Um olhar sincero é capaz de expressar todo o amor que abrigamos. O olhar de Cristo é sempre amoroso, embora com tonalidades diversas, que oscilam, dependendo da forma como o tratamos, entre a gratidão e a misericórdia — entre o olhar amoroso para o jovem rico, quando este lhe disse que procurava guardar os mandamentos[63], e o olhar misericordioso que fez Pedro começar a chorar logo após sua traição[64].

É mais fácil se apegar a pessoas visíveis. No entanto, é melhor ter um bom amigo com quem nos sintonizamos à distância do que muitos conhecidos próximos que nos prestam favores materiais, mas são incapazes de compreender nossa intimidade. É grande conforto ter um bom amigo que, sem meias-palavras, compreende tudo o que experimentamos, até mesmo nossos pensamentos não ex-

---

(63) Cf. Mc 10, 20-21.
(64) Cf. Lc 22, 61.

pressos. Assim é a amizade com Jesus. Em tempos difíceis, ter um amigo assim nos ajuda a suportar até a mais dolorosa solidão. Essa amizade não diminui nem com a distância, nem com as adversidades. Antes, é aí que atrai mais profundamente. Viktor Frankl, ao relatar suas experiências em Auschwitz, explica que, nos piores momentos do seu cativeiro, ficava feliz só em pensar na esposa, embora não soubesse se ela ainda estava viva: «Compreendi que o homem, despojado de tudo neste mundo, ainda pode conhecer a felicidade – mesmo que apenas momentaneamente – se contemplar o ser amado»[65].

Com o tempo, a amizade com Jesus torna-se uma *contemplação amorosa* já iniciada na terra e que se consuma na união inefável e eterna de amor no céu. Trata-se de uma loucura de amor que começa humana e acaba divina. É assim que se cumpre o pedido que Jesus fez ao Pai: «Para que o amor com que me amaste esteja neles»[66]. Jesus nos aproxima progressivamente da mais alta contemplação da Vida intratrinitária, daquela «plenitude da Verdade e do Amor na contemplação e doação recíproca (comunhão) do Pai, do Filho e do Espírito Santo»[67]. O Senhor se comunica à alma na intimidade da oração e se entrega inteiramente – corpo, sangue, alma e divindade – na Eucaristia, «mistério da vida divina comunicada à carne humana, pela carne de Cristo»[68]. A alma se abre e o Senhor se entrega. Se a alma corresponde, essa pertença mútua dá

---

(65) Viktor Frankl, *El hombre em busca de sentido* [Em busca de sentido], Herder, Barcelona, 1989, p. 46.
(66) Jo 17, 26.
(67) João Paulo II, Discurso de 28 de maio de 1986.
(68) Comitê para o Jubileu do ano 2000, *La Eucaristía, Sacramento de vida nueva*, p. 28.

lugar, já na terra, a uma alegria indescritível que faz avançar a beatitude celestial. A íntima união de dois corações que batem em uníssono permite vislumbrar o que será o abraço eterno no céu, embora não falte, como dizia São João da Cruz, essa «doença de amor que só se cura com a presença e a figura»[69].

Deus entrega tudo, da sua parte, para se aproximar de nós. Não só se encarnou como permaneceu na Eucaristia. Além disso, deu-nos sua própria mãe, Maria, como nossa, incorporando-nos tanto à sua família humana (a Sagrada Família de Nazaré) como à sua família divina (a Comunhão intratrinitária). O batismo, ao nos identificar com Cristo, torna-nos seus irmãos, filhos de Deus e de Maria. É conveniente acessarmos o inefável Amor divino por meio de um amor humano acessível. Da convivência com José, Maria e Jesus, passamos a participar da Vida divina, em que, como filhos no Filho, amamos o Pai no Espírito Santo. A vida espiritual do cristão, portanto, começa com uma relação de confiança com a Trindade da terra e caminha para uma relação íntima, na mais sublime contemplação, com cada uma das três Pessoas da Trindade do céu. O Santo Patriarca e sua Esposa virginal conduzem-nos a Jesus, e por sua mão entramos na intimidade divina. Lidar confiantemente com os três membros da família de Nazaré é como um passo intermediário que Deus colocou à nossa disposição para facilitar nossa ascensão a Ele.

Uma última observação. «Não é possível», diz São Josemaria, «que a nossa pobre natureza, tão perto de Deus, não arda em fomes de semear pelo mundo inteiro a alegria

---

(69) João da Cruz, *Cântico espiritual*, em *Suma poética*, BAC, Madri, 1950, p. 752.

e a paz»⁷⁰. Há, porém, quem desconfie da vida de oração, argumentando que ela se presta a um individualismo que negligencia o amor ao próximo. Talvez isso ocorra em alguma mística oriental, mas não na cristã, se for autêntica: a vida de tantos santos confirma que o trato com Deus fomenta o amor ao próximo. Na prática, o que acontece é que aqueles que negligenciam sua vida interior não perseveram em seu ideal altruísta. Havia um jovem missionário que teve de voltar para sua terra natal porque estava sem forças. Ele reconheceu que sua fraqueza devia-se à sistemática negligência de sua vida de oração e que seus companheiros veteranos, sendo mais piedosos, tinham como continuar a ajudar os mais necessitados.

Há quatro razões pelas quais a *dimensão vertical* da vida cristã (a relação com Deus) *potencializa a dimensão horizontal* (a caridade para com o próximo). A primeira: porque o Amor purifica nossos amores⁷¹. A segunda: porque Cristo se identifica com a felicidade de cada ser humano. Disse--nos que tudo o que fazemos aos outros faríamos a Ele:⁷² se o amarmos, trataremos bem os outros, mesmo que nos tratem mal. A terceira: porque Cristo nos incorpora à sua família sobrenatural (a Igreja). Sendo filhos de Deus e de Maria, conhecemo-nos como irmãos de todos os membros dessa família, tanto os vivos quanto os mortos. E a quarta: porque, como veremos, somos chamados a redimir com Cristo. Se partilharmos seu zelo pela salvação das almas, ninguém nos será indiferente, uma vez que nosso esforço corredentor chegará a todas as almas, sem exceção.

---

(70) Josemaria Escrivá, *Amigos de Deus*, n. 311.
(71) Cf. II, 1.
(72) Cf. Mt 25, 34-45.

Corredimir com Cristo

O mistério pascal, que inclui a paixão, morte, ressurreição, ascensão e glorificação de Cristo, constitui o núcleo central da fé cristã. Trata-se de um mistério fascinante que «mudou o curso da história, infundindo um significado e um valor indelével e renovado na vida dos homens»[73]. Com efeito, essas verdades da fé iluminam o sentido último de nossa dignidade, de nossos sofrimentos e de todas as nossas ações. De modo especial, quando se trata de retribuir seu amor, a Paixão de Cristo, ao tornar palpável a dor de Deus pelos nossos pecados, estimula nossa generosidade. Vejamos primeiro o quanto a Redenção nos dignifica.

«O homem», afirma Bento XVI, «tem um valor tão grande para Deus que se fez homem para poder se compadecer Ele mesmo do homem, de maneira muito real, em carne e osso, como a história da Paixão de Jesus nos diz»[74]. Referindo-se ao nosso valor perante Deus, São Paulo afirma que fomos «comprados por um grande preço»[75]. O termo *preço* é assaz interessante porque está relacionado a outros conceitos de que temos tratado ao falar sobre o sentido da própria dignidade, como o desejo de se fazer *valer*; a tendência a se *supervalorizar* (arrogância) ou *subestimar* (autorrejeição); e o desejo de ser *estimado* ou *apreciado*, de ser algo *precioso* aos olhos dos outros. Da mesma forma, se alguém nos trata mal, tendemos a dizer que nos *despreza*. Nessa perspectiva, a Paixão de Cristo revela o quanto Ele nos *aprecia*. A palavra *redimir*

---

(73) Bento XVI, Alocução de 23 de março de 2008.
(74) Bento XVI, *Spe salvi*, n. 39.
(75) 1 Cor 6, 20.

também significa *pagar* determinada fiança em resgate – como num sequestro –, o que em última análise mede o *preço* que os outros estão dispostos a pagar em troca de uma libertação. Se o pagamento fosse tudo o que alguém possui, não haveria dúvidas quanto à estima que sente pelo refém. Pois bem, Cristo pagou para nos redimir o preço inestimável de sua própria vida e derramou cada gota de seu sangue. Valemos, portanto, todo o Sangue de Cristo.

A mais alta qualidade de amor

É difícil meditar sobre a Paixão de Cristo «sem compartilhar a emoção que suscitam tanta dor e tanto amor»[76].

Nela, as quatro qualidades do amor ideal são reveladas[77]. Comecemos com a *capacidade de sacrifício*. «Ninguém tem amor maior do que aquele que dá a vida pelos amigos», disse Jesus[78]. Um velho professor não encontrou fórmula melhor para explicar a algumas crianças por que Jesus queria sofrer tanto do que perguntar a eles até onde seus pais estariam dispostos a viajar para encontrar o único remédio que os curaria de uma doença crônica. Elas não tinham dúvida nenhuma, por exemplo, se a viagem fosse de Barcelona a Madri. Todavia, essa unanimidade foi rompida à medida que as distâncias se alongavam: Paris, Moscou, Tóquio... Usando essa anedota, o professor concluía que Cristo viajaria o mundo inteiro em busca do remédio.

---

(76) Antonio María Ramírez, *Meditaciones ante el retablo de Torreciudad*, EUNSA, Pamplona, 2004, p. 119.
(77) Cf. I, 2.
(78) Jo 15, 13.

Cristo manifesta na Paixão uma clara vontade de sofrer o indizível sem ser estritamente necessário[79] e podendo evitá-lo. «Trata-se da vítima mais livre que já existiu»[80]. Como uma cuidadosa leitura do Evangelho demonstra[81], Ele poderia ter encurtado sua agonia e morrido mais cedo, da mesma forma como ressuscitou quando quis: «Dou minha vida», disse, «para retomá-la. Ninguém a tira de mim; mas eu a dou de mim mesmo e tenho poder para dá--la e recuperá-la»[82]. O espanto do centurião com a maneira ativa como Jesus morreu é evidente[83], e isso corrobora seu poder sobre a morte. Em geral, quando um homem sangra, depois de uma fase consciente, ele entra em estado de choque e morre. Acontecera com todos os crucificados. Jesus, por sua vez, não perdeu a consciência em momento algum. Entregou seu espírito depois de três longas horas na cruz, logo após proferir suas últimas palavras e no exato momento em que estava para desmaiar. Poderia ter sofrido menos e morrido antes, mas não queria.

Por que Jesus quis sofrer tanto se isso não era estritamente necessário e podendo evitá-lo? Isso não era necessário, mas conveniente: tratava-se da vontade do Pai, que Cristo cumpria com amor. Surge, então, outra pergunta: por que o Pai fez com que o Filho sofresse tanto? João Paulo II dá-nos a seguinte resposta: «Sem o sofrimento e a

---

(79) Quanto à justiça pura e simples, para saldar as nossas dívidas não precisávamos de uma Paixão tão dolorosa. Dada a infinita dignidade divina do Verbo encarnado, um sacrifício mesquinho teria sido suficiente para reparar o Pai por nossos pecados.
(80) Pilar Urbano, *La madre del ajusticiado*, p. 18.
(81) Cf. Mt 26, 50-54 e Jo 19, 11.
(82) Jo 10, 17-18.
(83) Cf. Lc 23, 46-47 e Mc 15, 39.

morte de Cristo, o amor de Deus pelos homens não teria se manifestado em toda a sua profundidade e grandeza»[84]. Em última análise, a Paixão é a forma mais adequada para que *tanto Jesus como Deus Pai* nos mostrem a grandeza e a delicadeza de seu amor. «Ambos sofrem. E ambos se submetem aos caprichos da liberdade humana»[85].

O amor e a dor de Cristo nos revelam compreensivelmente o amor e a dor do Pai. Na Cruz, sofrendo muito e amando ao extremo, Jesus Cristo nos mostra a intensidade do Amor divino, assim como sua imaginável dor humana nos revela a dor inefável de Deus Pai. Uma dupla razão de amor – por nós e pelo Pai – inspira a Paixão de Cristo. Como irmão nosso, Ele sofre não só para nos redimir, mas também para consolar Deus Pai pela dor que nossos pecados infligem a Ele. Há também uma dupla razão de conveniência pela qual Jesus oferece o maior dos sacrifícios: quanto a nós, para nos dar a máxima certeza de seu afeto; com relação a Deus Pai, para que a reparação seja proporcional à magnitude de sua dor. Vendo o quanto Jesus sofre, entendemos o quanto Ele nos ama e quanto amor é necessário para consolar o Pai.

Além da capacidade de sacrifício, a Paixão manifesta outra qualidade do amor ideal: *o respeito pela liberdade*. Ao meditar sobre o Evangelho, surpreende que, desde que foi feito prisioneiro, Jesus tenha recebido contínuos insultos e golpes contra os quais não se defende de forma alguma. Cristo sofre como homem, mas ainda é Deus, então aqueles que o torturam como homem estão, de fato, torturando Deus. Em Cristo, portanto, o próprio Deus é ul-

---

(84) João Paulo II, Alocução de 19 de outubro de 1998.
(85) Pilar Urbano, *La madre del ajusticiado*, p. 70.

trajado sem opor resistência. Isaías profetizara, ao falar do cordeiro levado ao matadouro, aquele homem de dor que não vira o rosto diante dos que «o repreendem e nele cospem»[86]. Tratava-se do *roteiro* estabelecido entre Jesus e seu Pai para que percebêssemos a vulnerabilidade de um Deus que nos ama e respeita delicadamente nossa liberdade.

Vejamos as outras duas qualidades do amor ideal: a *retidão de intenção* e a *liberdade interior*. A primeira não pode ser maior num sacrifício desinteressado: Cristo é inocente e pensa apenas na consolação do Pai e na nossa felicidade. A segunda está na própria essência de sua entrega extrema. É aqui que Ele nos ensina em que consiste a *liberdade do amor*: numa doação ilimitada e voluntária. Jesus abraçou a Cruz porque «amava mais do que padecia»[87]. Se já vale a pena dispor-se a sofrer pelo bem da pessoa amada, vale muito mais quando isso é feito com alegria. Só um grande amor torna isso possível. Quanto mais forte o desejo de fazer alguém feliz, mais fácil é superar a dor que acompanha o sacrifício. Nosso Senhor Jesus Cristo, por mais incompreensível que isso possa parecer, amava tanto que, ao sofrer o mais cruel dos tormentos, experimentou interiormente uma imensa felicidade.

Sentido cristão do sofrimento

A Paixão também nos oferece um magnífico parâmetro para considerarmos a feiura do pecado, na medida em que demonstra a terrível ingratidão de nossa falta de amor. Depois da Paixão, todo pecado se revela mais repulsivo.

---

(86) Is 50, 6.
(87) Josemaria Escrivá, *Via sacra*, 12ª estação, n. 3.

É como se déssemos um dos rins para salvar a vida de um irmão que precisa de diálise e ele depois se negasse a fazer um sacrifício insignificante: a rejeição, nesse caso, será muito mais dolorosa. «Como será a dor de Deus», pergunta-se Thibon, «que nos ama loucamente? E saber, meu Deus, que sou para ti necessário em tua infinita riqueza, como quem ama ao amante, e que vais morrendo aos poucos sob o peso infinito do amor que te nego!»[88].

À luz dessas reflexões, compreende-se melhor como os pecados aumentam o peso da Cruz de Cristo e como podemos, também, aliviar essa carga, unindo-nos por amor ao sacrifício redentor[89]. É aí que reside a chave

---

(88) Gustave Thibon, *Nuestra mirada ciega ante la luz*, p. 167.
(89) A explicação clássica da realidade dos sofrimentos de Cristo diz que todas as suas ações – por tratar-se do Deus verdadeiro – transcendem os limites do tempo e do espaço. Uma vez que «tudo o que Cristo fez e sofreu pelos homens participa da eternidade divina» (Catecismo da Igreja Católica, n. 1085), nós, dois mil anos depois, podemos realmente mudar o peso da sua Cruz. Nesta linha, ao tratar do Sagrado Coração, o Catecismo afirma que «Jesus, durante a sua vida, a sua agonia e a sua paixão, conheceu e amou cada um de nós» (n. 478). Em todo caso, sem entrar em detalhes teológicos, atrevo-me a pensar que a atualidade da Paixão de Cristo não é apenas consequência de sua natureza divina, mas também pode ser explicada levando em conta sua natureza humana. Visto que a Humanidade Santíssima de Cristo nos contempla do Céu, não é de estranhar que todo o bem e o mal da terra reverberem naquele Coração glorioso que «ama continuamente o Pai eterno e todos os homens» (Pio XII, *Haurietis aguas*, em Denzinger, n. 3924). A Sagrada Escritura, com efeito, nos confirma que Jesus Cristo se identifica afetivamente com aqueles de nós que estamos na terra. Por isso afirmou que continuaria conosco até ao fim dos tempos (cf. Mt 28-20) e que tudo o que fazemos aos outros fazemos a ele (cf. Mt 25, 34-35). Quando, depois da Ascensão, aparece a Saulo, que está a caminho de Damasco, pergunta-lhe: «Por que me persegues?» (At 9, 4; veja também 22, 7-8). Santo Agostinho, comentando essas passagens, afirma que Jesus, apesar de ter sido «elevado às alturas dos céus», como Cabeça do Corpo místico que é a Igreja, «continua a sofrer na terra pelas fadigas que seus membros experimentam» (*Sermo de Ascensione Domini*, 98, 1-2, PL, 2, p. 494).

para mergulhar no sentido cristão do sofrimento, tanto o voluntário (a mortificação) quanto o involuntário (as adversidades). Para o cristão, o sofrimento não é apenas uma ocasião de purificação ou amadurecimento interior, como quando uma doença grave ajuda a pessoa afetada a «discernir em sua vida o que não é essencial para se voltar para o essencial»[90]. Jesus Cristo vai muito mais longe: ensina-nos a transformar o sofrimento num amor com repercussões eternas. Antes, porém, a fim de procedermos com ordem, é preciso abordar a origem do mal e do sofrimento no mundo, mistério que ultrapassa nossa inteligência – embora a Paixão de Cristo ofereça luzes que o tornam menos obscuro.

De acordo com a Sagrada Escritura, o mal ingressa no mundo por causa do pecado. Deus não quer o sofrimento, mas o permite porque respeita nossa liberdade. Tudo parece indicar que, se Deus concordou em nos criar mesmo sabendo que introduziríamos aqui o mal, deve ter sido por ter um plano redentor para endireitar o que estava torto, libertando-nos do pecado pela Paixão de Cristo. A graça obtida por Jesus Cristo na Cruz nos permite vencer o mal. «Todo homem», diz João Paulo II, «é *chamado a participar daquele sofrimento* pelo qual se realizou a Redenção»[91]. Mas, visto que Deus não impõe sua vontade sobre nós, cabe a cada um aceitar ou rejeitar o convite a tomar parte nesse sacrifício redentor.

A possibilidade de aliviar a dor de Cristo e ajudá-lo a salvar almas abre perspectivas inesperadas para nós. Conta Santa Faustina Kowalska que um dia o Senhor lhe disse:

---

(90) *Catecismo da Igreja Católica*, n. 1501.
(91) João Paulo II, *Salvifici doloris*, n. 19.

«Dou-te uma pequena parte na Redenção do gênero humano. Tu és o alívio no momento da minha agonia»[92]. Se nos associarmos ao sacrifício redentor por amor ao Senhor e às almas, nossa dor pode se transformar em alegria. «Que importa padecer», sintetiza São Josemaria, «se se padece para consolar, para dar gosto a Deus Nosso Senhor, com espírito de reparação, unido a Ele na sua Cruz..., numa palavra: se se padece por Amor?»[93].

Para aprofundar o mistério do sentido cristão do sofrimento, contamos, além dos dados revelados, com a ajuda da «*teologia vivida* dos santos»[94]. São eles que nos ensinam, com sua doutrina e sua vida, o que Edith Stein chamou de *ciência da Cruz*[95]. A dor dos santos torna-se leve porque sabem que estão aliviando a dor de Quem mais amam. Eles não apenas aceitam e amam a Cruz, mas também, em sua loucura de amor, a desejam ardentemente. Os exemplos deixados por Santa Margarida Maria Alacoque e por São Josemaria servem para ilustrar isso. A primeira, grande conhecedora do Coração de Jesus, afirma: «Não há nada que me atraia tanto como a Cruz. Sofro tão pouco, que o meu maior sofrimento é não sofrer o suficiente»[96]. São Josemaria tinha trinta anos quando disse ao Senhor: «Jesus, sinto muitos desejos de reparação. O meu caminho é amar e sofrer. Mas o amor faz-me gozar no sofrimento, a

---

(92) Faustina Kowalska, *Diário*, n. 310.
(93) Josemaria Escrivá, *Caminho*, n. 182.
(94) João Paulo II, *Tertio milenio ineunte*, n. 27.
(95) Cf. Edith Stein, *La ciencia de la Cruz. Estudios sobre S. Juan de la Cruz* [A ciencia da Cruz: estudos sobre São João da Cruz], Monte Carmelo, Burgos, 1989.
(96) Em John Croiset, *The Devotion to the Sacred Heart of Jesus*, Tan, Illinois, pp. 13 e 14.

ponto de me parecer agora impossível que eu possa vir a sofrer algum dia. Já o disse: a mim, não há quem me dê um desgosto. E ainda acrescento: a mim, não há quem me faça sofrer, porque o sofrimento me dá alegria e paz»[97]. Os santos compreenderam que a dor dos redimidos é uma dor corretiva.

A corredenção

O mistério do sofrimento está assim ligado a outro grande mistério: o da corredenção com Cristo. Só Ele pode fazer a mediação entre Deus e os homens, mas quer que nos associemos a Seu sacrifício redentor[98]. Se carregamos sua Cruz como bons cireneus, nós o ajudamos a levá-la. Identificados com Ele e compartilhando de seus sofrimentos[99], temos participação ativa na obra da Redenção, tornamo-nos «outro Cristo», «o próprio Cristo»[100]. Nesse sentido, São Paulo diz: «Estou crucificado com Cristo»[101], ou «Completo em minha carne o que falta à Paixão de Cristo»[102]. João Paulo II explica esta realidade misteriosa nos seguintes termos: «Na dimensão do

---

(97) Em Andrés Vázquez de Prada, *O fundador do Opus Dei, volume 1: Senhor, que eu veja!*, Quadrante, São Paulo, 2004, p. 382.

(98) Para evitar mal-entendidos, o Concílio Vaticano II, em vez de falar em «corredenção», preferiu usar os termos «participação» e «cooperação»: «Nenhuma criatura pode ser comparada com a Palavra encarnada, nosso Redentor. Mas, da mesma forma que o sacerdócio de Cristo participa de modos diversos, [...] também a única mediação do Redentor não exclui, mas suscita nas criaturas vários tipos de cooperação, compartilhados da única fonte» (*Lumen gentium*, n. 62).

(99) Cf. 1 Pe 3, 14.

(100) Cf. Gl 2, 19-20. Ver também Rm 6, 4 e Fl 2, 5.

(101) Gl 2, 19.

(102) Cl 1, 24.

amor, a redenção, já plenamente realizada, realiza-se, em certo sentido, constantemente. [...] A fé na participação nos sofrimentos de Cristo traz consigo a certeza interior de que o homem que sofre "completa o que falta aos sofrimentos de Cristo"; de que na dimensão espiritual da obra da redenção Ele serve, como Cristo, para a salvação de seus irmãos e irmãs»[103].

Pode-se dizer que uma das cinco feridas de Jesus, a do flanco, ainda não sarou. O desgosto fere o Coração de Cristo e o amor o consola. Com aquela dor de amor, Jesus nos redime, ao passo que nossos atos amorosos acalmam seu Coração ferido. Sofremos com sua dor, mas nos consola amenizá-la. O que aconteceu a Santa Faustina quando o Senhor permitiu que ela contemplasse a flagelação? «Meu coração», diz ela, «parou de bater quando vi aqueles tormentos. Então o Senhor disse-me estas palavras: "Estou sofrendo uma dor ainda maior do que a que estás vendo. [...] Vê a raça humana em seu estado atual"». Naquele momento, conhecendo em detalhes os pecados de tantas pessoas, ela ficou com o coração partido. «Então o Senhor disse-me: "Vejo a dor sincera do teu coração, que deu um alívio imenso ao meu Coração; olha e consola-te"»[104].

«Jesus estará em agonia até o fim do mundo: é necessário não adormecer durante todo esse tempo», escreveu Pascal. Do mesmo modo como Deus quis um anjo para confortar Jesus no Jardim das Oliveiras, «assim também», afirma Pio XI, «nós agora, de maneira admirável e verdadeira, podemos e devemos consolar aquele Sacríssimo Coração, continuamente ferido pelos pecados dos homens

---

(103) João Paulo II, *Salvifici doloris*, n. 24 e 27.
(104) Faustina Kowalska, *Diário*, n. 445.

ingratos»[105]. Tudo o que fazemos por amor a Jesus compensa o desgosto que Ele recebe. Como diz Santa Teresinha, «nosso pequeno amor enxuga as lágrimas que os maus o fazem derramar»[106]. Os santos percebem essas realidades porque seu amor por Cristo faz nascer neles a «ânsia de compreender as suas lágrimas; de ver o seu sorriso, o seu rosto»[107]; por conseguinte, como a santa de Lisieux, sofrem ao ver que Jesus, «entre os discípulos do mundo, só encontra ingratos e indiferentes, e entre os *seus discípulos* encontra, infelizmente, poucos corações que se entregam a Ele sem reservas, que compreendem toda a ternura do seu amor infinito»[108]. A santa francesa, a fim de reparar tanto desgosto, «quando estava gravemente doente, nos momentos de maior sofrimento, sem poder falar, tomava a cruz nas mãos e com os dedos fazia o gesto de arrancar os cravos das mãos e dos pés de Jesus Cristo»[109].

«O sofrimento é poderoso quando é tão voluntário quanto o pecado», sentencia Claudel[110]. Nossas pequenas cruzes adquirem enorme dignidade ao *se tornarem a própria Cruz de Cristo*. Enquanto a carregamos, Ele não precisa carregá-la. Embora nossas cruzes sejam pequenas comparadas às dEle, ainda fazem parte da única Cruz redentora. Se nos fosse dado um *lignum crucis* (uma relíquia da cruz

---

(105) Pio XI, *Miserentissimus Redemptor*, 9 de maio de 1928, n. 17.
(106) Teresa de Lisieux, em José Pedro Manglano, *Orar con Teresa de Lisieux*, p. 67.
(107) Josemaria Escrivá, *Amigos de Deus*, n. 310.
(108) Teresa de Lisieux, em José Pedro Manglano, *Orar con Teresa de Lisieux*, pp. 16-17.
(109) Tadeusz Dajczer, *Meditaciones sobre la fe*, San Pablo, Madri, 1994, p. 238.
(110) Paul Claudel, *L'annonce faite à Marie*, Gallimard, Paris, 1940, p. 144.

de Cristo), mesmo uma pequena lasca, possuiríamos algo de grande valor. Da mesma forma, toda vez que nos pede um sacrifício ou permite que passemos por tribulações, o Senhor nos convida a carregar sua Cruz. «O Senhor, com os braços abertos, pede-te uma contínua esmola de amor», afirma São Josemaria, contemplando o Crucificado[111]. A esmola não é obrigatória, mas, se conhecemos a dor de Cristo, não podemos mais ser indiferentes. E, se realmente o amamos, sabendo que nossas cruzes aliviam seus sofrimentos, nossa dor torna-se leve. Foi o que aconteceu com uma santa mulher que morreu de tuberculose intestinal. Em meio a suas fortes dores, escreveu: «Que felicidade [...] poder consolar o Coração agonizante do nosso Jesus com pequenos atos de amor...!»[112].

Considerando a «tremenda ingratidão do coração humano», entendemos «por que pesa tanto a Cruz de Jesus»[113]. Sintonizar-se com a dor dos pecados é incentivo para fomentar o *espírito de desagravo*. Se nossa mãe está doente, a alegria que nossas visitas lhe trazem faz com que nos dediquemos a ela. E, se nossos irmãos nunca fossem vê-la, nos sentiríamos mais estimulados a fazê-lo. Não poderíamos evitar essas feridas, mas nosso carinho seria pelo menos como um bálsamo. Da mesma forma, o amor de Cristo nos estimula[114] a desagravá-las porque nenhum dia faltam ultrajes, indiferença e ingratidão contra seu coração. «Olha», recorda São Josemaria, «que se ofende a Jesus sem parar e, infelizmente, não O desagra-

---

(111) Josemaria Escrivá, *Forja*, n. 404.
(112) Em José Miguel Cejas, *María Ignacia García Escobar en los comienzos del Opus Dei*, Rialp, Madri, 2001, p. 179.
(113) Josemaria Escrivá, *Via sacra*, 3ª estação.
(114) Cf. 2 Cor 5, 14.

vam a esse mesmo ritmo»[115]. Tantos são os motivos para a compaixão que poderíamos ficar *tontos* ao tentar imaginar a dor de Jesus. Para se ter uma ideia da magnitude do sofrimento de seu Coração, basta pensar no grande número de pessoas que não lhe correspondem, ou nas tantas Missas diárias em que não falta desamor (a vulnerabilidade de Jesus é maior na Eucaristia, pois é quando Ele mais ama). A consciência do peso avassalador dos pecados desperta em nós o desejo de aliviá-los. Conta Santa Faustina que um dia o Senhor lhe disse: «Minha filha, desejo descansar em teu coração, porque muitas almas hoje me afastaram de seu coração. Experimentei uma tristeza mortal»[116]. Sabemos que Jesus não exagera em sua dor, mas o contrário. É de se esperar que Ele não diga, como o salmista: «Meu coração recebeu opróbios e insultos; eu esperava compaixão e não há nenhuma; consoladores, e não consigo encontrar nenhum...»[117].

Corredimir com Cristo não é apenas lançar luz sobre sua Cruz: envolve também uma relação com Deus Pai e com todos os homens. Ao redimirmos, Jesus Cristo nos reconcilia com o Pai e nos abre as portas do Céu. Ao corredimir com Ele, nós o ajudamos a consolar Deus Pai e a salvar almas.

Detenhamo-nos no *desagravo que trazemos ao Pai*, o qual inclui conforto e reparação por nossos erros. Contribuímos não apenas para mitigar a dor que lhe inflige nossa falta de amor, mas também para saldar nossas dívidas. O âmbito do amor não exclui o âmbito da justiça. Além

---

(115) Josemaria Escrivá, *Sulco*, n. 480.
(116) Faustina Kowalska, *Diário*, n. 866.
(117) Sl 69, 20.

de ferir Deus Pai, os pecados, por serem atos livres, trazem responsabilidades e, portanto, consequências na esfera da justiça. Como veremos[118], a maldade humana merece uma punição que repare a injustiça. Portanto, Cristo, o único inocente, enquanto conforta o Pai, nos ajuda a pagar as nossas dívidas todas. E, se corredimimos com Ele, não o ajudamos apenas a consolar o Pai, mas também a *expiar* todos os pecados da história. São Bernardo chama isso de *satisfação vicária*. Ele repara em nosso lugar, e nós podemos ajudá-lo. De todo modo, Deus não é apenas fiador da justiça, mas também o principal ferido. Por isso, a reparação, para além da simples satisfação da justiça, consiste sobretudo num desagravo amoroso.

Concentremo-nos agora na relação entre a corredenção e a *salvação das almas*. É lógico querer que todos participem de nossa felicidade. Não me refiro apenas ao esforço de aproximá-los de Deus por meio de bons exemplos e conselhos corretos, mas também de colaborar com Cristo na obtenção das graças de que necessitam. A ação apostólica só é fecunda na medida em que une-se ao sacrifício redentor. Somente o Espírito Santo pode mover os corações, e seu derramamento é o fruto maduro da Cruz. Além disso, do zelo pelas almas não se beneficiam apenas as pessoas próximas. Mediante a comunhão dos santos, Deus estabeleceu uma espécie de solidariedade entre todos os homens a fim de que, rompendo as barreiras do espaço e do tempo, possamos ajudar também aqueles que nem conhecemos. Se compartilharmos dos anseios redentores de Cristo, nos sentiremos compelidos a ajudá-lo a salvar todas as pessoas que estão a caminho do céu. Para esse fim, oferecemos orações e

---

(118) Cf. II, 3.

sacrifícios, sobretudo pelos *pecadores agonizantes* que, caso não se convertam, serão condenados. O realismo das cifras pode nos ajudar a ter consciência do que está em jogo. De acordo com estatísticas publicadas em 2007, a cada ano 86 pessoas morrem na Terra para cada dez mil habitantes. Na internet é possível consultar os números atualizados a cada segundo[119]. No momento em que escrevo este livro, a Terra tem 6.679.061.075 habitantes. Arredondando, estimo que 53 milhões de pessoas morram anualmente; toda semana, um milhão; a cada dia 150 mil; a cada hora, seis mil; a cada minuto, cem pessoas. São números que nos fazem pensar[120]. Se estamos em sintonia com o desejo redentor de Cristo, nenhuma dessas almas é indiferente para nós. A cifra de 150 mil por dia deve ser recordada porque, como veremos a seguir, todos os dias, à Santa Missa, podem confluir nossos esforços de corredenção.

A Santa Missa

A corredenção está intimamente ligada à Eucaristia. Na Missa, o tempo se une à eternidade[121], visto que ali se renova, de maneira incruenta mas real, o mistério pascal (o sacrifício redentor, a ressurreição e a glorificação de Cristo). Em virtude dessa «atualização perene do mistério pascal», dá-se uma «*contemporaneidade* misteriosa» entre o que aconteceu há dois mil anos «e o transcorrer dos séculos»[122]. Como condensa o Catecismo, trata-se

---

(119) Ver *World Clock*, em <www.poodwaddle.com>.
(120) Cf. Josemaria Escrivá, *Sulco*, n. 897.
(121) Cf. *Idem, É Cristo que passa*, n. 94.
(122) João Paulo II, *Ecclesia de Eucharistia*, n. 5.

do «único acontecimento na história que não passa [...].
É um acontecimento: real, sucedido na nossa história, mas absolutamente singular: todos os outros acontecimentos ocorrem uma vez e depois passam e são absorvidos pelo passado. [...] O evento da Cruz e da Ressurreição *permanece*»[123]. A liturgia bem o afirma: Jesus «não cessa de se oferecer por nós»[124]. Bento XVI fez eco a essa mesma ideia por meio de uma das frases de São Pedro Julião Eymard: «A Sagrada Eucaristia é Jesus Cristo passado, presente e futuro»[125].

A participação no sacrifício eucarístico nos permite, portanto, dar um salto no tempo e no espaço. É como estar no Gólgota hoje e no Céu, testemunhando todas as alegrias e todos os sofrimentos redentores de Cristo. Daí as últimas palavras da Consagração: «Fazei isto em memória de mim», com as quais Jesus Cristo instituiu dois sacramentos: a Eucaristia e a ordem sacerdotal. A palavra «comemoração», esclarece João Paulo II, não significa um «retorno simbólico ao passado, mas a presença viva do Senhor no meio dos seus»[126]. «Estamos na ordem do *memorial* bíblico, que *torna presente* o próprio acontecimento. É *memória-presença*!»[127]. Considerar que a Eucaristia, longe de ser a representação simbólica de um acontecimento passado, é um sacrifício que continua a perpetuar-se de forma misteriosa mas real é de grande ajuda na hora

---

(123) *Catecismo da Igreja Católica*, n. 1085.

(124) *Missal romano*, Prefácio pascal III.

(125) Bento XVI, Discurso de 14 de setembro de 2008 no Santuário de Lourdes (Adoração eucarística).

(126) João Paulo II, Carta aos sacerdotes por ocasião da Quinta-feira Santa de 2000, n. 12.

(127) João Paulo II, *Don y misterio*, BAC, Madri, 1996, p. 94.

de assistir à Missa. Convém lembrar – e *viver* – que testemunhamos com os olhos da alma os acontecimentos mais importantes da redenção e glorificação de Cristo. Não é como assistir a uma peça, um filme ou um acontecimento *depois*. Assistir à Missa equivale a testemunhar diretamente todas as dores e alegrias redentoras de Cristo.

Seria uma pena limitar-se à condição de espectador passivo quando o sacrifício redentor se renova. Na consagração do vinho, depois do «tomai todos» que, como vimos[128], consiste num delicado pedido para que aceitemos sua entrega amorosa, Jesus Cristo nos diz: «[...] e bebei. Este é o cálice do meu Sangue». Essas palavras contêm um convite velado a não o deixarmos sozinhos, a retribuirmos corredimindo de volta. Entre os judeus, beber do cálice significava participar ativamente do sacrifício[129]. Jesus perguntara aos filhos de Zebedeu se estariam dispostos a beber do cálice que Ele iria beber[130]; referia-se, desta forma, ao cálice da «nova e eterna aliança» entre Deus e os homens, selada com seu sangue «derramado».

Jesus continua a nos dizer na consagração: «[...] por vós e por todos, para a remissão dos pecados». Entre o *vós* e o *todos* se estende um período de séculos. Na celebração da Eucaristia convergem os anseios de Cristo para com os homens de todas as idades. Jesus se imola «na remissão dos pecados que são cometidos diariamente»[131], tanto dos que participam da liturgia como dos outros. Cada Missa é idêntica, mas numericamente diversa. Os bem-

---

(128) Cf. II, 1.
(129) Cf. 1 Cor 10, 16-33.
(130) Cf. Mt 20, 22. Para corresponder ao amor do Senhor, diz o Salmo 116, «tomarei o cálice da salvação».
(131) Paulo VI, *Mysterium fidei*, n. 11.

-aventurados e as almas do Purgatório participam dela, enquanto, de nós que estamos a caminho, apenas alguns tomam parte. Cada Eucaristia é inestimável, mas em cada ocasião se aplica em benefício de pessoas diferentes. Renovamos o mesmo mistério pascal todos os dias, esperando a segunda vinda de Cristo no fim dos tempos. E aí podemos associar-nos diariamente, junto com Maria, a todos os sofrimentos redentores de seu Filho – tanto os físicos, da sua Paixão, quanto os morais, provocados pelos pecados. De certa forma, cada pecado é redimido com uma dor correspondente.

Alma sacerdotal

Se nos unirmos com alma sacerdotal ao sacrifício redentor na Missa, participaremos do empreendimento mais distinto da história da humanidade. Todas as ações cotidianas, mesmo as mais anódinas, quando unidas ao sacrifício do altar, adquirem um significado extraordinário. Como ensina São Josemaria, viver a vida cotidiana de forma sagrada implica, como no mito do rei Midas, transformar tudo o que tocamos em *ouro de méritos sobrenaturais*[132]. Em meio às nossas preocupações e ocupações, colocando amor no dever de cada momento, ajudamos a «restaurar todas as coisas em Cristo»[133]: tornamos sua Cruz mais leve, contribuímos para a consolação de Deus Pai e obtemos o dom do Espírito Santo para a salvação das almas. Esses três elementos redentores centrais surgem no final de cada oração eucarística: «Por Cristo, com Cristo e em Cristo». Eles

---

(132) Josemaria Escrivá, *Amigos de Deus*, n. 308.
(133) Ef 1, 10.

contêm todo um programa de vida. Em cada celebração eucarística a Igreja oferece Cristo e se oferece com Cristo. Portanto, em nossos esforços por melhorar, além de oferecer algum sacrifício *por Ele*, nos oferecemos *com Ele* ao Pai em reparação pelos pecados e, *nEle*, pedimos a graça do Espírito Santo para a salvação dos que estão na terra ou no purgatório. Trata-se, pois, de uma razão tripla de amor: por Cristo, por Deus Pai e, mediante o Espírito Santo, pelos nossos semelhantes.

Isso abre todo um panorama de esforços motivados pelo desejo de aliviar, «com frequência cotidiana»[134], as penas do Coração de Cristo. A mornidão é incompatível com a urgente necessidade de corredimir com Ele. «Um coração sacerdotal que não *sangra* não é um coração sacerdotal», dizia um santo belga[135]. Além disso, se realmente amamos o Senhor, a possibilidade de iluminar sua Cruz nos permite suportar qualquer sacrifício. «Por Ti, Jesus, eu me crucificaria, se assim evitasse teu sofrimento», dizia um jovem poeta[136]. Diante de um crucifixo, outro exclama:

> Corpo chagado de amores,
> eu te adoro, e eu te sigo;
> também, Senhor dos senhores,
> compartir quero as tuas dores
> subindo na Cruz contigo[137].

---

(134) Josemaria Escrivá, *Forja*, n. 442.
(135) Em R. De Roover, *Priester Poppe. Leven em zending*, Altiora, Averbode, 1987, p. 17. Edward Poppe (1890-1924) foi um sacerdote flamenco beatificado por João Paulo II em 3 de outubro de 1999.
(136) Bartolomé Llorens, segundo J. I. Poveda, *Bartlomé Llorens. Una sed de eternidades*, Rialp, Madri, 1997, p. 138.
(137) José María Pemán, «Ante el Cristo de la Buena Muerte», em tradução de Hugo Langone.

«O amor torna fecunda a dor, e a dor torna o amor profundo», sentencia João Paulo II[138]. Em termos gerais, duas são as maneiras de se vir a amar muito alguém: *gratidão* ao experimentar sua bondade e *compaixão* ao vê-lo sofrer. Também nós gostaremos de Jesus se, meditando na sua Paixão, sentirmos seu amor e sua dor. Esse será o melhor incentivo para nossa generosidade no sacrifício diário. A entrega sacrificada costuma vir precedida da compaixão. Se bons pais amam tanto seus filhos, talvez seja por causa dos muitos anos em que foram solidários às suas necessidades e, consequentemente, se sacrificaram por eles. Se presenciamos um grave acidente de trânsito e vemos que o motorista, um estranho, está sangrando até a morte no chão, sentimo-nos compelidos a ajudá-lo. Quanto mais não nos solidarizaremos com os sofrimentos redentores de nosso irmão e melhor Amigo?

O Coração de Jesus não é o único que sofre as dores do amor. Também o Coração de Maria as compartilha há vinte séculos. Ela, como resume Bento XVI, «concordou em dar-lhe tudo, em oferecer seu corpo para acolher o Corpo do Criador. Tudo veio de Cristo, até mesmo Maria; tudo veio por meio de Maria, até mesmo Cristo»[139]. Seus corações vibram em uníssono. Ambos têm um corpo glorioso e, do céu, contemplam, em vigília de amor, todo o bem e todo o mal que fazemos. Eles não ficarão tranquilos até que, após a segunda vinda de Cristo, este mundo chegue ao fim e não haja ninguém a caminho do céu. Ninguém ilumina a Cruz de Jesus tanto quanto sua mãe.

---

(138) João Paulo II, Homilia de 11 de outubro de 1998, na Canonização de Edith Stein.

(139) Bento XVI, Discurso de 14 de setembro de 2008, no Santuário de Lourdes.

Eis por que ela quis estar tão perto da Cruz. Foi esse o desígnio divino para ela, que nele muito meditou desde que o velho Simeão anunciara que uma espada viria a perfurar sua alma[140]. Só ela entendeu perfeitamente por que convinha que seu Filho se imolasse. Os apóstolos, mesmo instruídos por Cristo, não o compreenderam, ao passo que ela, com alma sacerdotal, queria estar junto à cruz por três razões: para sustentar seu Filho; para, com Ele, consolar o Pai; e para, nEle, obter a graça salvadora para nós. Como ela aceitou se associar ao sacrifício redentor, tornou-se nossa Mãe. Quando Jesus, na Cruz, no-la entregou na pessoa de João[141], não constituiu sua maternidade, mas a declarou. Maria, corredentora por excelência[142], «compartilha da compaixão de seu Filho pelos pecadores»[143]. Por isso, tantas vezes nos exorta a consolar o Senhor e orar pelos pecadores. Com Ela aprendemos, em suma, a converter toda a nossa «existência em corredenção de Amor»[144].

---

(140) Cf. Lc 2, 35.
(141) Jo 19, 26-27.
(142) Para dissipar mal-entendidos, o Concílio Vaticano II recorda que os títulos pelos quais a Igreja invoca Maria – Advogada, Auxiliadora, Mediadora – «devem ser entendidos de maneira que não diminuam nem acrescentem nada à dignidade e à eficácia de Cristo, único mediador» (*Lumen gentium*, n. 62).
(143) Bento XVI, Homilia de 15 de setembro de 2008, no Santuário de Lourdes.
(144) Josemaria Escrivá, *Sulco*, n. 255.

III
O amor misericordioso

Diante do tribunal de misericórdia

O amor de alta qualidade exige que saiamos de nós mesmos, esquecendo nossas próprias necessidades e nos abrindo para as dos outros. O amor nos leva a prestar atenção: implica estar atento à pessoa amada. Isso é alcançado quando se supera o egocentrismo e se descobre as necessidades alheias. Resulta, portanto, da diminuição do movimento *centrípeto* e do aumento do *centrífugo*. O Amor de Deus potencializa ambos os aspectos. Por um lado, constatamos que a Paixão de Cristo facilita esse viver fora de si, pois a chaga aberta de seu Coração, como diz São Bernardo, exige atenção e alívio[1]. Por outro, como veremos, nada ajuda tanto o esquecimento de si quanto aquela reconciliação com a própria miséria que o Amor misericordioso possibilita.

---

(1) Cf. Bernardo de Claraval, em *Cantica Canticorum*, Sermo 83, 4. «*Clamat vulnus!*», exclama o santo: a chama fere.

Essa faceta do Amor de Deus está intimamente relacionada à filiação divina e é, ao mesmo tempo, uma garantia de paz interior. Saber que somos filhos de um Pai misericordioso é incompatível com sentir-se esmagado por nossas faltas. A partir dessa perspectiva, entendemos melhor o quanto nossos pecados ferem o Senhor, mas também a imensa alegria que Ele experimenta cada vez que recorremos, com arrependimento e confiança, ao tribunal da misericórdia divina. Compartilhamos igualmente sua dor pelo pecado e sua alegria pela reconciliação. Prometemos fazer as pazes e, cada vez que falhamos, voltamos para a casa do Pai com a alegria de saber que «não há nada tão agradável e caro a Deus como o fato de os homens se voltarem para Ele com arrependimento sincero»[2].

O sacramento da reconciliação é muito apreciado. «É bonito poder confessar nossos pecados e sentir como um bálsamo a palavra que nos inunda de misericórdia e nos coloca de volta no caminho»[3]. Quem não se alegra depois da confissão talvez não o faça porque não se perdoa a si mesmo ou porque não se dá conta da alegria que traz ao Pai. Deus não ama o pecado, mas ama o pecador. Lembremos a ternura com que o pai da parábola abraça o filho pródigo: «Lançou-se ao seu pescoço», diz ele, «e o beijou profusamente»[4]. E Ele não nos perdoa de boa vontade uma única vez. Se nos arrependemos, Ele nos perdoa a mesma falta com igual alegria milhares de vezes por dia. O sacramento da confissão e os atos de contrição – «com

---

(2) Máximo Confessor, *Carta* II, PG 91, p. 454.
(3) João Paulo II, Carta de 25 de maio de 2001 aos sacerdotes, n. 10.
(4) Lc 15, 20.

os quais não se perdem nem as batalhas perdidas»[5] – restauram a paz à alma. Cada vez que pedimos perdão ao Senhor, podemos exclamar com as palavras da liturgia pascal: «Feliz culpa!».

O que sentimos quando nos reconciliamos com as pessoas queridas nos ajuda a imaginar a alegria do Senhor quando lhe pedimos perdão. Santa Teresinha disse a uma freira que lhe pedia desculpas: «Nunca senti tão vividamente com que amor Jesus nos recebe quando lhe pedimos perdão depois de o termos ofendido. Se eu, pobre criatura, senti tanto amor por ti no momento em que vieste a mim, o que não acontecerá no coração do Bom Deus quando voltarmos a Ele?»[6].

O arrependimento é sempre uma prova de amor. Certa senhora entendeu isso depois de experimentar sentimentos confusos com seu marido, que era bastante impontual. Numa ocasião, como em tantas outras, de nada valera a ela insistir com toda a sua determinação na necessidade de chegar num horário tal a um compromisso importante. O marido, mais uma vez, estava atrasado, mas, ao contrário de outras vezes, com um buquê de flores debaixo do braço. Sua reação inicial foi de raiva; porém, quando se deteve no gesto das flores, percebeu a tênue linha que une o arrependimento, o perdão e a qualidade do amor. Mais tarde, ela entendeu que o Amor de Deus é tão perfeito que nossa contrição significa muito mais para Ele do que todas as flores do mundo.

---

(5) Pilar Urbano, *O homem de Villa Tevere*, p. 347.
(6) Em Marie-Dominique Poinsenet, *Thérèse de Lisieux, témoin de la foi*, Mame, Tours, 1968, p. 351.

O que significa ser misericordioso?

A Sagrada Escritura confirma mais de trezentas vezes que Deus é compassivo e misericordioso. A misericórdia assegura não só a indulgência, mas também a predileção pelos mais necessitados e certa identificação afetiva com eles. Vemos isso nas boas mães. «Se eu fosse leproso», escreveu São Josemaria, «minha mãe me abraçaria. Sem medo nem repugnância alguma, beijar-me-ia as chagas»[7]. Por isso, a fim de expressar que Deus tem «entranhas de misericórdia», o Antigo Testamento emprega a palavra *rahamim*, que significa «seio materno». «Deus é maternalmente paternal», dizia São Francisco de Sales. A misericórdia vem do amor, e Deus a tem para conosco porque nos ama como uma mãe que tem predileção por seu filho mais frágil.

O Evangelho diz que Jesus, «vendo as multidões, teve compaixão delas, pois estavam cansadas e abatidas como ovelhas sem pastor»[8]. A expressão «sentir compaixão» pode levar a mal-entendidos. Em algumas línguas, o significado original foi perdido e se equipara «ter misericórdia» a uma conotação depreciativa e até humilhante. *Compadecer-se* de alguém é como dizer, com ar de superioridade, que iremos ajudá-lo, apesar de o amarmos pouco. Nesse caso, *amar alguém por compaixão* é como *amá-lo por obrigação*. No entanto, a palavra compaixão, que vem do latim *compatire*, significa antes sofrer com quem sofre, viver sua desgraça – enfim, acompanhá-lo no sentimento, o que não é possível sem uma identificação afetiva. Em algumas línguas, a palavra é usada com características mais amplas e positivas, como o alemão *mitgefühl*, que significa com-

---

(7) Josemaria Escrivá, *Forja*, n. 190.
(8) Mt 9, 36.

partilhar qualquer tipo de sentimento: alegria e dor, felicidade e angústia... De todo modo, não há dúvida de que a compaixão figura, na hierarquia de sentimentos, como um dos mais elevados.

A misericórdia não leva Cristo a olhar-nos com ar de superioridade, mas a sentir como seu tudo o que é nosso, a identificar-se com nossas alegrias e tristezas, e até a nos amar mais do que a nós próprios. «Senhor, tem misericórdia de mim, pecador», dizemos respeitosamente ao implorar por sua misericórdia. No entanto, não nos esqueçamos de que estamos apelando para o aspecto mais belo do seu amor. Do contrário, poderia acontecer conosco como aqueles que, projetando inconscientemente seu próprio orgulho, trocam a relação *pai-filho* por uma relação *senhor-escravo*[9]. O Senhor «não é um Dominador tirânico, nem um Juiz rígido e implacável: é nosso Pai. Fala-nos dos nossos pecados, dos nossos erros, da nossa falta de generosidade; mas é para nos livrar de tudo isso, para nos prometer a sua Amizade e o seu Amor»[10].

As entranhas de misericórdia do Coração de Cristo assemelham-se às das melhores mães. Por isso, devemos acorrer ao sacramento da confissão com as mesmas disposições com que pediríamos perdão a uma boa mãe que sofre em silêncio por causa de nossa loucura. A misericórdia de Cristo talvez seja a faceta mais comovente de seu amor. Sua generosidade na Paixão é certamente surpreendente, mas pela sua misericórdia sentimos um amor mais personalizado. Pregado na Cruz, Ele nos ama *individualmente*: sofre por amor a todos os homens, embora também viesse

---

(9) Cf. I, 1.
(10) Josemaria Escrivá, *É Cristo que passa*, n. 64.

a sofrer se fôssemos o único. Por outro lado, seu coração misericordioso faz com que nos sintamos amados de forma *excepcional*: Ele se solidariza com todos, mas leva em conta a singularidade de cada um. É como uma mãe que adapta seu amor às peculiaridades de cada filho seu.

Esses dois aspectos do amor de Cristo estão interligados, uma vez que a generosidade procede da misericórdia. Vemo-lo em cada coração que se compadece da miséria dos outros: sente-a como sua e, portanto, está disposto a fazer qualquer sacrifício para remediá-la. «Não sabes», observou Santo Agostinho, «que ter misericórdia é tornar-se miserável, simpatizar-se com o outro?»[11]. O termo «misericórdia» vem da junção de «miséria» e «coração». Como explica Tomás de Aquino, «é como dizer que alguém tem *miséria no coração*, no sentido de que se entristece com a miséria dos outros como se fosse a sua. Eis por que deseja suprimi-la»[12].

Tudo o que Deus fez por nós é consequência dessa identificação afetiva que todo amante misericordioso guarda. Pensemos, por exemplo, na Encarnação, que levou o Verbo a compartilhar nossa miserável condição humana. «Há algo», pergunta São Bernardo, «que expresse de forma mais inequívoca sua misericórdia do que ter Ele aceitado a própria miséria?»[13]. Também a Redenção tem suas raízes num Deus «rico em misericórdia»[14]: seu coração misericordioso o levou, em Cristo, a dar a própria vida para nos libertar da miséria do pecado. Como afirma Bento XVI, «a Cruz é onde a compaixão de Deus pelo nosso mundo se manifesta

---

(11) Agostinho de Hipona, *De moribus*, 1, 28, 56.
(12) Tomás de Aquino, *Summa theologiae*, I, q. 21, a. 3.
(13) Bernardo de Claraval, *Sermão 1 na Epifania do Senhor*, 1-2, PL, 143.
(14) Ef 2, 4.

perfeitamente»[15]. O amor «que desce até o centro do mal para vencê-lo com o bem»[16] inspirou o plano salvífico de Deus Pai por meio da Cruz de seu Filho. Jesus o explicou a Nicodemos desta maneira: «De tal maneira Deus amou o mundo, que lhe deu seu Filho único, a fim de que todo o que nele crer não pereça, mas tenha a vida eterna»[17].

Em Deus, a onipotência está a serviço da misericórdia. Por outro lado, em culturas não inspiradas pelo cristianismo, a compaixão denota fraqueza, covardia e desonra[18]. A verdade é que oferecer e aceitar humildemente o perdão exige grande coragem. Além disso, a misericórdia ajuda a solucionar muitas disputas; sem reconciliação a paz não é possível nem entre os povos nem entre as nações. João Paulo II sublinhou isso quando disse que «os acontecimentos humanos de cada dia mostram, com grande evidência, como o perdão e a reconciliação são essenciais para realizar uma verdadeira renovação pessoal e social»[19].

Coração misericordioso

A exemplo do que ocorre com outros aspectos do Amor divino, Cristo também nos revela as profundezas da misericórdia do Pai. Como afirma Bento XVI, a predileção de Cristo pelos mais necessitados «é na verdade o núcleo cen-

---

(15) Bento XVI, Homilia de 15 de setembro de 2008, no Santuário de Lourdes.
(16) João Paulo II, Alocução de 27 de julho de 1986, n. 2. Ver também Discurso de 29 de maio de 1999, n. 3.
(17) Jo 3, 16.
(18) Cf. João Paulo II, *Dives in misericordia*, n. 2. Ver também Homilia de 25 de março de 1998.
(19) João Paulo II, Mensagem para a Quaresma de 2001, n. 2.

tral da mensagem evangélica»[20]. Ele repreende os fariseus por sua intolerância para com os pecadores nos seguintes termos: «Não são os sãos que necessitam de médico, mas os enfermos. Aprendei, pois, o que significa: "Quero misericórdia, e não sacrifícios"; porque não vim chamar os justos, mas os pecadores»[21]. O Senhor nos exorta a reconhecer humildemente nossas necessidades para que Ele possa atendê-las. Insiste em que nos tornemos como crianças[22], porque elas, em sua simplicidade, reconhecem a própria fragilidade e se permitem ser amadas. Saber que Cristo se solidariza com a miséria nos ajuda a reconhecê-la e a purificar nossa intenção quando pedimos Seu perdão por nossos pecados. Se nos sintonizarmos com a dor que lhe causamos, nos compadecemos dele, e dessa compaixão surgirá o desejo de lhe pedir perdão para aliviar sua dor.

Convém evocar o olhar misericordioso de Cristo – o mesmo que dirige a Levi, a Zaqueu, à adúltera, ao ladrão, à samaritana e, de maneira especial, a Pedro[23]. Embora seja impossível registrar num quadro o semblante de Jesus após a tripla negação de seu amigo discípulo, vale a pena tentar imaginá-lo. Pois, quando pecamos, a tendência de projetar nEle nossa falta de indulgência nos faz perder sua intimidade. Não ousamos olhá-lo nos olhos porque imaginamos que Ele nos olha com um rosto severo. Esquecemos que Ele nunca se afasta de nós, embora nos distanciemos dEle. Por isso, é de grande ajuda gravar na memória aquele olhar misericordioso que, longe de censurar, é antes de

---

(20) Bento XVI, Alocução de 30 de março de 2008.
(21) Mt 9, 12.
(22) Cf. Mt 18, 1-4; Mc 10, 14; Lc 18, 15-17; 9, 46-48.
(23) Cf. Mc 2, 13-17; Lc 19, 1-10; Jo 8, 1-11; Lc 23, 39-43; Jo 4, 1-30 e Lc 22, 61.

tudo uma expressão de amor que convida à reconciliação. Trata-se de uma mistura de compaixão terna e amorosa censura, o qual condensa, ao mesmo tempo e pela mesma razão amorosa, a dor da ofensa e o desejo de fazer as pazes: a dor que se tenta esconder e a esperança de um desenlace feliz. Este olhar misericordioso de Jesus é irresistível: quando Pedro o percebeu na casa do sumo sacerdote, «saiu e chorou amargamente»[24]. Conta Santa Faustina que um dia o Senhor a recordou de toda a sua miséria e, mais tarde, olhou para ela com tanto carinho que ela pensou que «ia morrer de alegria sob aquele olhar»[25]. A história de Pedro, por outro lado, contrasta com a de Judas. Quando traiu Jesus, Judas possivelmente não contemplava seu rosto havia muito tempo; e, quando mais tarde sentiu remorso, não teve a humildade e a coragem de buscar aquele olhar que poderia remediar seu desespero.

«Aprendei de mim, que sou manso e humilde de coração, e encontrarás descanso para as vossas almas», diz-nos Jesus[26]. Eis por que seu amor misericordioso é fonte de paz interior, e podemos nos dirigir a Ele dizendo: «Coração de Jesus, sacratíssimo e misericordioso, dai-nos a paz!». Com o tempo, a doutrina evangélica inspirou a devoção ao Amor misericordioso como complemento à devoção ao Sagrado Coração de Jesus, que nasceu muito antes das revelações privadas de Santa Margarida Maria de Alacoque (1647-1690). Ambas as devoções refletem o aprofundamento progressivo da Igreja, não sem a ajuda divina, nos tesouros contidos na Revelação de Cristo. A

---

(24) Lc 22, 62.
(25) Faustina Kowalska, *Diário*, n. 881.
(26) Mt 11, 29.

devoção à misericórdia divina vem da França, onde foi concebida em torno da figura de Santa Teresa de Lisieux (1873-1897), e da Polônia, onde foi promovida por Santa Faustina Kowalska (1905-1938). A prudência aconselha a adotar atitude cautelosa em relação às revelações privadas, sem esquecer que não constituem matéria de fé. No entanto, merecem nossa atenção se forem endossadas pela autoridade da Igreja[27].

Santa Faustina foi canonizada em 30 de abril de 2000. Nesse mesmo dia, João Paulo II anunciou que, de acordo com o desejo expresso por Cristo à santa polonesa, a Igreja celebraria a Festa da Divina Misericórdia a cada segundo domingo de Páscoa. Como a própria santa escreveu em seu diário, o Senhor deseja que esta festa «seja um refúgio e abrigo para todas as almas e, principalmente, para os pobres pecadores. [...] A alma que confessa e recebe a Sagrada Comunhão obterá o perdão total dos pecados e das penas»[28]. Essa devoção enfatiza a confiança na bonda-

---

(27) Há outros livros escritos por pessoas a quem Cristo teria manifestado de maneira especial o seu Coração dolorido e misericordioso. Não os cito porque seus autores não foram canonizados. Ver, por exemplo, a obra da Serva de Deus Josefa Menéndez (1890-1923), freira espanhola falecida na França: *Um apelo ao amor*; e a de Gabrielle Bossis (1874-1950), dramaturga francesa: *Ele e eu*.

(28) Faustina Kowalska, *Diário*, n. 659. Os pecados carregam culpa e pena. O sacramento da confissão perdoa a culpa. A pena diz respeito à purificação do pecador e à justiça (a reparação do dano causado); neste duplo sentido, a penitência é tanto um remédio destinado a curar as feridas do pecado quanto, junto com as indulgências, um meio de saldar contas pendentes. Se, por exemplo, um ladrão pede desculpas por roubar certa quantia de dinheiro, pode obter o perdão de sua ofensa. No entanto, porque, por um lado, se feriu, terá de remediá-lo com boas obras, enquanto, por outro, em razão da justiça, será possível exigir a restituição do que foi roubado, quer ele mesmo pague por isto (penitência), quer outra pessoa o faça em seu lugar (indulgências).

de divina. Santa Faustina também conta como Jesus lhe disse: «Os pecados da desconfiança são os que mais penosamente me ferem»[29]. Por isso, a santa aconselhava a repetição do «Jesus, eu confio em Vós» que figura na parte de baixo do quadro que ela mesma mandou pintar por indicação do Senhor, de cujo coração saem dois raios.

O diário de Santa Faustina contém numerosos apelos convincentes à *conversão dos pecadores*. «Que a alma fraca e pecadora não tema se aproximar de mim», diz a ela o Senhor, «e, mesmo que houvesse mais pecados do que grãos de areia na terra, ainda assim seriam submersos no abismo de minha misericórdia»[30]. «Tua oração de que mais gosto», diz Ele noutra ocasião, «é a oração pela conversão dos pecadores. Deves saber, filhinha, que esta oração é sempre ouvida»[31].

A insistência em rezar pelos pecadores é lógica se levarmos em conta que está em jogo a salvação eterna, que o recurso à misericórdia divina é «a última tábua de salvação»[32] e que um ato de contrição sincero bastaria para que a justiça divina não tivesse a palavra final. Uma dupla razão de amor nos leva a rezar por aqueles que ainda não confiam no Amor misericordioso: uma empatia tanto com eles quanto com as dores e alegrias do Senhor. «Roga pelas almas», pede Jesus, «para que não temam se aproximar do tribunal da minha misericórdia. Não pares de rezar pelos pecadores. Sabes o quanto suas almas pesam em meu coração; alivia minha tristeza mortal»[33].

---

(29) *Ibidem*, n. 1076.
(30) *Ibidem*, n. 1059.
(31) *Ibidem*, n. 1397.
(32) *Ibidem*, n. 1228.
(33) *Ibidem*, n. 975.

A mensagem de Santa Faustina, em síntese, insiste em três pontos: estender a devoção ao Amor misericordioso, rezar pelos pecadores e comportar-se misericordiosamente com os outros. João Paulo II indicou, na encíclica *Dives in misericordia*, que é função principal da Igreja proclamar, praticar e suplicar a misericórdia divina. «Desde o início do meu pontificado», afirmou o papa, «considerei esta mensagem como uma tarefa especial. A Providência atribuiu-a a mim»[34]. Em 2002, João Paulo II consagrou o Santuário do Cristo Misericordioso em Lagiewniki, perto de Cracóvia, onde Santa Faustina morreu e está sepultada. É surpreendente que o santo papa tenha morrido precisamente na véspera de um segundo domingo de Páscoa, quando se celebrava pela quinta vez a Festa da Divina Misericórdia. Como recorda Stanislaw Dziwisz, ele morreu pouco depois de receber a comunhão na Missa daquela festa[35].

Justiça e misericórdia

Como observa São Josemaria, Cristo «se submete heroicamente ao dever, e se guia pela misericórdia»[36]. Um mesmo amor inspira seu sacrifício heroico na cruz e sua

---

(34) João Paulo II, Discurso de 22 de novembro de 1981, em Collevalenza (Itália).

(35) «São quase oito horas», diz o secretário de João Paulo II, «quando, de repente, sinto no meu interior um imperativo categórico: devo celebrar a Missa! E foi isso o que eu fiz [...]. Era a missa pré-festiva do Domingo da Misericórdia, solenidade muito apreciada pelo papa. [...] Na comunhão consegui dar-lhe, como viático, algumas gotas do preciosíssimo sangue de Jesus Cristo» (Stanislaw Dziwisz, *Una vida con Karol*, La Esfera de los Libros, Madri, 2007, p. 241).

(36) Josemaria Escrivá, *Sulco*, n. 813.

ilimitada piedade para com nossa miséria. Se o imitarmos, aprenderemos a combinar exigência e compreensão, tanto para com nós mesmos quanto para com os outros. A santidade é «reconhecida por este duplo sinal: um esforço heroico pela pureza absoluta e uma piedade ilimitada com respeito à impureza»[37]. Essas palavras de Gustave Thibon condensam toda a sabedoria cristã. Trata-se de dois aspectos inseparáveis de um mesmo e único amor: generosidade e humildade, luta ascética e misericórdia, exigência e compreensão – para conosco e para com os semelhantes.

É difícil combinar ambos os aspectos. A conhecida oração dos Alcoólicos Anônimos bem o reflete: «Concedei-nos, Senhor, a serenidade necessária para aceitar as coisas que não podemos modificar, coragem para modificar aquelas que podemos e sabedoria para distinguir umas das outras». Da mesma forma, diante dos próprios defeitos e dos defeitos alheios, o *slogan* poderia ser assim: em primeiro lugar, sempre, compreensão; em segundo lugar, às vezes, no que pode ser melhorado, exigência; em terceiro lugar, prudência para discernir. Cada elemento corrige o anterior. Seria um desgosto e uma covardia se, além de sermos compreensivos com os defeitos dos outros, não os ajudássemos a melhorar. Por outro lado, seria inútil corrigi-los em aspectos que não podem mudar: equivaleria a dizer-lhes que não os amamos como são.

Também não há contradição entre a *justiça* e a *misericórdia* divinas. Santa Teresinha chegou a afirmar que, ao comparecer diante de Deus, não se valeria de sua misericórdia, mas de sua justiça, pois Ele não exige o que está além da capacidade de uma menina fraca: «Ser justo não

---

(37) Gustave Thibon, *L'échelle de Jacob*, Éditions Universitaires, Bruxelas, 1945, p. 94.

é apenas exercer a severidade para punir o culpado, mas também reconhecer as intenções corretas e recompensar a virtude»[38].

Em todo caso, não é fácil conciliar esses dois aspectos no âmbito de uma catequese cristã. O amável senso de misericórdia não deveria excluir o exigente senso de justiça. Conhecer o Amor misericordioso é de grande ajuda para as pessoas com tendência ao escrúpulo, mas a justiça deve se fazer presente àqueles que acreditam poder abusar da bondade divina com impunidade. Se, ao explicar os mistérios da fé, for dada demasiada ênfase à responsabilidade pessoal perante a justiça de Deus, corre-se o risco de desfigurar sua bondade e desanimar os ouvintes. Mas é igualmente verdade que insistir unilateralmente na misericórdia pode fomentar a irresponsabilidade e a presunção. Thibon mostra esse difícil equilíbrio quando afirma: «Gostaria que meu pensamento tivesse força suficiente para não induzir os justos a pecar e ternura suficiente para nunca levar os pecadores ao desespero; que não apresentasse aos puros um Deus menos exigente, nem mostrasse aos impuros um Deus demasiado inacessível»[39].

Uma vez que estamos enfatizando a misericórdia de Deus, vale notar as implicações de sua justiça. Com frequência ocorre que muitos ignoram Deus e a vida futura porque só pensam em como aproveitar mais seus dias fugazes na terra. Todavia, estão errados se pensam que garantirão o Céu ao se refugiarem apenas na bondade divina: isso prova que eles não compreenderam nem o Céu,

---

(38) Teresa de Lisieux, Carta de 9 de maio de 1897 ao Pe. Roulland, em Marie-Dominique Poinsenet, *Thérèse de Lisieux*, p. 326.
(39) Gustave Thibon, *Nuestra mirada ciega ante la luz*, p. 31.

nem o amor verdadeiro. Deus quer que todos sejamos salvos[40] porque deseja nosso bem e anseia por se unir amorosamente a cada um de nós, mas essa união exige que o amemos. O Céu é a consumação eterna de um amor recíproco iniciado já na terra; faz-se acessível apenas àqueles que aceitam livremente o convite divino. Jesus o deixou bem claro em seus muitos apelos à conversão: «Nem todo o que diz: "Senhor, Senhor" entrará no Reino dos céus, mas apenas aquele que faz a vontade de meu Pai que está nos céus»[41].

Os que ingenuamente afirmam que não precisam se converter devem ser lembrados de como seria injusto se Deus não recompensasse as boas ações. «A *caridade*», observa Messori, «não é tal se ignora ou salta a *verdade* de nosso pecado, cuja realidade presente deve ter seu peso para que a Justiça divina seja como é»[42]. Confiar em Deus sem praticar meios para se emendar não é uma atitude nova. O Antigo Testamento já adverte contra esta presunção: «Não digas: "Grande é a sua misericórdia, Ele me perdoará muitos pecados". Pois nEle há misericórdia e raiva, e nos pecadores fará transbordar sua fúria»[43]. Não se brinca com Deus (*non irridetur Deus*), embora também não se deva encorajar o temor servil. Como já se disse[44], deveríamos temer apenas a nós mesmos, na medida em que podemos abusar de nossa liberdade. Os santos nos ensinam que o melhor dos temores consiste em odiar o pecado porque entristece um Pai que nos ama imen-

---

(40) Cf. 1 Tm 2, 4.
(41) Mt 7, 21.
(42) Vittorio Messori, *Hipótesis sobre María*, p. 350.
(43) Ecl 5, 6-7.
(44) Cf. II, 2.

samente. Portanto, na catequese deve-se imitar a pedagogia usada por Deus ao se revelar progressivamente aos homens: em primeiro lugar, o ensino das verdades fundamentais, contidas na Antiga Aliança; em seguida, seu complemento com toda a verdade revelada por Cristo e que reside no amor.

Mergulhemos nas inexoráveis implicações da justiça para entender melhor a grandeza da misericórdia de Deus. Na medida em que somos honestos e reflexivos, todos temos consciência de nossa responsabilidade moral. Talvez apenas uma pessoa com uma consciência assaz delicada perceba que terá de prestar contas da maneira como usou seu dinheiro. Por outro lado, em casos extremos, é fácil ver as consequências dos atos livres, ainda mais se o responsável for outra pessoa. Assim, quando a polícia captura um assassino, muitos exigem que todo o peso da justiça recaia sobre ele. Atribuir a culpa é mais fácil quando nossas decisões causam danos irreparáveis. Se roubamos dinheiro, podemos restituí-lo; mas, se matarmos alguém, não podemos ressuscitá-lo. Tampouco podemos remediar a omissão de um auxílio que poderia ter mudado o curso da vida de um falecido. Temos de admitir, em suma, que há uma série de realidades intimamente interligadas: liberdade, responsabilidade, mérito e culpa, justiça, juízo, recompensa e punição.

Isso é tão natural quanto a lei da gravidade. Ninguém fica surpreso quando uma pedra cai no chão em razão de seu peso: o contrário é que seria incomum. Apliquemos isso às consequências das más ações. A firme intenção de corrigir um erro moral não muda o fato de se tratar de um fato indelével e irreversível, uma vez que ficou para trás no tempo e não pode mais ser mudado. Isso é *natural*; o *sobrenatural* é que Deus, apesar de nossa culpa, nos devolva a inocência perdida. É algo tão maravilhoso quanto reverter a lei da gravidade.

O fato de Deus nos perdoar não significa que não leve nossos pecados a sério, pois assim a injustiça permaneceria. O que realmente acontece é algo mais importante e inédito. Deus não transige diante da injustiça, mas é capaz de algo imensamente mais belo do que tirar o homem do nada. Como explica Guardini, o perdão divino permite «recriar, tornar nova em toda a sua beleza original, a pessoa manchada de culpa»[45]. Estamos diante de um grande prodígio: Deus «introduz em si próprio o homem e seu pecado, num mistério de amor inefável. A partir daí, o homem sai novo e inocente. Deus já não precisa afastar os olhos deste homem, pois sua culpa não existe mais. Tampouco nossa consciência precisa desviar o olhar de nós mesmos, uma vez que a culpa deixou de existir»[46]. Com efeito, só quem vislumbra a profundidade do Amor de Deus pode perdoar-se depois de cometer um ato sério e irreparável. É difícil, por exemplo, a uma mulher que se arrependeu de ter feito um aborto, conseguir se reconciliar consigo mesma. Apenas uma profunda perspectiva sobrenatural pode curar sua inquietação.

O único remédio para a pena merecida é a clemência, e ela deve ser implorada exatamente porque não pode ser imposta. Ao acudir ao tribunal da misericórdia, reconhecemos nossa culpa. Conscientes da impossibilidade de refazer nosso passado, em última instância tomamos Jesus como advogado e pedimos perdão ao Pai, recorrendo à sua infinita misericórdia. Estas palavras de Guardini po-

---

(45) Romano Guardini, *El espíritu del Dios viviente*, Belacqva, Barcelona, 2005, pp. 67.
(46) *Ibidem*, p. 65.

dem inspirar-nos quando da confissão de nossos pecados: «Senhor, aceito teus juízos. Estou diante de ti e me declaro culpado. Quero que venças o julgamento e que tua vontade prevaleça sobre a minha, pois sei que és santo. Amo-te com todo o meu ser. Tens toda a *razão* contra mim. Contigo, julgarei a mim mesmo. Mas tu és amor, e eu apelo ao teu amor. Com tudo o que sou, entrego-me ao teu mistério de amor. Não pretendo, Senhor, de forma alguma, escapar do rigor de tua justiça. Mas tu és sempre graça»[47]. O resultado é surpreendente: Ele nos perdoa e, além disso, damos-lhe uma alegria proporcional ao seu amor. São Josemaria exclama: «Repara que entranhas de misericórdia tem a justiça de Deus! – Porque, nos julgamentos humanos, castiga-se a quem confessa a sua culpa; e no divino, perdoa-se. Bendito seja o santo Sacramento da Penitência!»[48].

Miséria e grandeza

Se nos arrependemos, pedimos perdão a Deus e tentamos reparar nossas vidas, a realidade de nossa miséria fica em segundo lugar. O Amor de Cristo suscita em nós, inclusive, uma visão positiva que se traduz no cultivo de uma atitude de autoestima humilde. O exemplo dos santos a esse respeito é instrutivo. «Não valho nada», costumam dizer. Não lhes produz inquietude saber e reconhecer isso, uma vez que estão cientes da sua dignidade de filhos de Deus e das vantagens da própria fraqueza perante um Amante misericordioso. Sua humildade, perfeitamen-

---

(47) *Ibidem*, pp. 67-68.
(48) Josemaria Escrivá, *Caminho*, n. 309.

te situada, não se identifica com «a modéstia de quem não tem um elevado conceito de si mesmo e, por isso, permanece em segundo plano, numa atitude resignada»[49]. Eles conhecem a própria fraqueza de maneira realista, e isso não os incomoda graças à bondade divina. São Josemaria, por exemplo, via-se diante de Deus «como um pobre joão-ninguém, ou como quatro ossos já sem força física, cheio de crostas e misérias, como um personagem bem feinho. Mas, ao mesmo tempo, que me importa tudo isto se sei que Deus me ama, se sei que Deus me espera, se sei que Deus se serve de mim tal como sou, e não deseja dar-me nada mais aqui na terra? Sou feliz, porque é assim que Ele me quer!»[50].

O santo sabe combinar *miséria* e *grandeza*. Conhece sua fraqueza, mas também o quanto o Senhor o ama. «Não sou uma santa», disse Santa Teresinha. «Sou uma alma pequenina a quem o bom Senhor deu muitas graças...»[51]. A consciência de ser amado por Deus chega a carregar consigo um *orgulho santo*, como se a modéstia estivesse fora de lugar. «A humildade perfeita», observa Lewis, «dispensa a modéstia. Se Deus está satisfeito com sua obra, a obra pode ficar satisfeita consigo mesma»[52]. A consciência de nossas limitações, se não falta boa vontade, deixa de ser um peso esmagador. A humildade não provém da presunção temerária de nossa invulnerabilidade, mas da maturidade de viver estavelmente em paz com nós mesmos.

---

(49) Dietrich von Hildebrand, *El corazón*, p. 169.
(50) Em Javier Echevarría, *Recordações sobre Mons. Escrivá*, Quadrante, São Paulo, 2017, p. 79.
(51) Teresa de Lisieux, em Maxence van der Meersch, *Santa Teresita*, Palabra, Madri, 1992, p. 140.
(52) C. S. Lewis, *El diablo propone un brindis*, p. 124.

Ninguém possui tanta ciência da própria pequenez como os santos. E não só porque percebem os defeitos que têm, mas sobretudo pelo grande contraste que vislumbram entre sua *capacidade* limitada de amar e a insondável bondade divina. André Frossard conta que, de forma totalmente imerecida e inesperada, fora-lhe concedido contemplar a essência divina como o mais santo dos místicos. O resultado dessa teofania foi um «espanto estonteante», durante o qual deu-se conta «do barro em que estava submerso sem saber». Sua indignidade era patente diante da «suave violência daquela luz» que o inundava. O famoso jornalista francês esclarece o «tipo de confusão avassaladora» que estava experimentando: «Na minha alegria, sentia-me verdadeiramente desolado por não ter nada a oferecer – em troca de tanta beleza –, a não ser uma condensação insignificante do nada»[53]. Para explicar por que Deus não se manifesta com mais frequência nesta vida, Frossard diz que o mais impressionante nEle não é sua onipotência, mas «sua doçura». «O que a caridade esconde de nossa visão é a fulguração nuclear do infinito, que se reduz a uma inconcebível humildade. É a eterna e pura inocência de Deus que rompe os corações. Deus não pode aparecer sem que, em seguida, nos julguemos e condenemos imediatamente, sem apelo ou remissão. E é isso o que Deus não quer. NEle, todas as coisas têm sua razão de caridade»[54]. O Senhor, em seu desígnio amoroso, nos ilumina na medida em que somos capazes de processar essa mistura explosiva de alegria e confusão.

---

(53) André Frossard, *No estamos solos. Mi experiencia de Dios*, Belacqva, Barcelona, 2005, p. 62.
(54) *Ibidem*, pp. 64-65.

Os santos também têm mais consciência da dignidade que é ser amado por Deus. Esse santo orgulho pode causar perplexidade caso sua firmeza de espírito venha a ser confundida com uma arrogância disfarçada. No entanto, este não é o caso. Como aponta São Paulo, sua «segurança vem de Deus»[55]. Conscientes de suas fraquezas, os santos confiam mais em Deus e são capazes de dedicar-se às iniciativas mais ousadas. «Tudo posso naquele que me fortalece», dizia o apóstolo[56]. Os santos, em suma, surpreendem porque se revestiram daquela «força que se consome na fraqueza»[57]. São Josemaria sintetiza este sentimento ao afirmar: «A nossa sabedoria e a nossa força residem precisamente em termos a convicção da nossa pequenez, do nosso nada aos olhos de Deus. Mas é Ele quem, ao mesmo tempo, nos estimula a trabalhar com uma segura confiança e a anunciar Jesus Cristo, seu Filho Unigênito, apesar dos nossos erros e das nossas misérias pessoais, sempre que, a par da fraqueza, não falte a luta por vencê-la»[58].

Cabe o orgulho da própria fraqueza?

Nesse ponto, vale questionar: essas considerações bastam para se reconciliar totalmente consigo mesmo? Sim e não. Para alguns, elas serão suficientes, mas outros precisarão se aprofundar nas consequências do Amor misericordioso. Refiro-me, no segundo caso, àquelas pessoas particularmente afetadas pela falta de autoestima. Tudo o que

---

(55) 2 Cor 3, 5.
(56) Fl 4, 13.
(57) 2 Cor 12, 9.
(58) Josemaria Escrivá, *Amigos de Deus*, n. 144.

vimos até agora poderia ajudá-los a se *aceitarem*, mas não é suficiente para *se amarem* a ponto de não quererem mudar por ninguém, mesmo conhecendo perfeitamente seus defeitos. Façamos uma breve incursão no campo da saúde mental para entender a conveniência de ir mais longe.

Numa conferência sobre doenças neuróticas – como a depressão reativa, a ansiedade ou a insônia –, um psiquiatra de prestígio enfatizou que é preciso distinguir entre três tipos de fatores: as *variáveis químicas* (os sintomas derivados do distúrbio químico), as *variáveis precipitantes* que desencadeiam a doença (como o estresse causado por algum conflito ou adversidade que gera frustração) e as *variáveis predisponentes* (aquelas que têm origem na personalidade do paciente, como o perfeccionismo ou a baixa autoestima). O psiquiatra então delineou as possíveis terapias. Em primeiro lugar, para aliviar o distúrbio químico, temos vários medicamentos (antidepressivos, ansiolíticos e soníferos). Depois, para resolver as circunstâncias que levam ao transtorno mental, o médico incita o paciente a descansar, desconectando-se da fonte de opressão e cuidando de outras tarefas mais gratificantes. Contudo, ele não via remédio claro para neutralizar as causas profundas dessas doenças.

Um dos participantes da conferência então interveio para pedir ao psiquiatra que se aprofundasse em como um paciente pode ser ajudado a superar a falta de autoestima, levando em consideração que a origem de sua doença pode estar aí e que, portanto, se esse problema subjacente não for resolvido, as recaídas em momentos de crise serão inevitáveis. O especialista respondeu que não conhecia nenhuma solução estável e definitiva. Com relação aos remédios paliativos, explicou que primeiro pedia ao paciente que preenchesse questionários para analisar traços negativos de sua personalidade. Depois, ao discutir essas deficiências com ele, simplesmente lhe dava alguns conselhos práticos (como cultivar uma atitude mais positiva, esforçando-se para levar as coisas com mais senso de humor, ou ser mais tolerante consigo mesmo...). Por fim, procurava encorajá-lo, alegando que todos nós temos deficiências pessoais e que sempre é possível potencializar os traços positivos da personalidade para compensar os negativos.

Muito do que o psiquiatra declarou vincula-se de alguma forma com o que foi dito até aqui a respeito daquela visão positiva de nossas deficiências que o Amor misericordioso tanto facilita. Já vimos[59] que somos como um carro que precisa de gasolina para funcionar, de modo que, a fim de preservar nossa saúde mental, devemos otimizar a gestão do combustível. As pessoas com transtornos *psíquicos* geralmente têm um pequeno tanque que também perde gasolina. Portanto, para ajudá-los, não bastam os remédios médicos. Limitar-se a prescrever medicamentos e descanso seria como colocar gasolina num tanque com vazamento.

Se, para animar um deprimido, dizemos a ele que todos temos defeitos, ele pode acabar aceitando o fato, mas depois dirá que gostaria de trocar suas limitações pelas de outras pessoas, o que não resolveria o problema. Se você não se aceitar como é, será difícil ter paz interior. Sándor Márai recria essa situação num romance em que dois velhos recordam suas vidas. A certa altura, lê-se: «No fundo da sua alma vivia uma emoção convulsiva, um desejo constante, o desejo de ser diferente do que você era. É a maior desgraça com que o destino pode castigar uma

---

(59) Cf. I, 3.

pessoa [...]. Temos de nos contentar com quem somos, [...] saber e aceitar que somos vaidosos, egoístas, calvos e gordos»[60].

Em maior ou menor grau, todos devemos resolver o mesmo problema subjacente. Nossa autoestima não estará suficientemente fundamentada até que encontremos os verdadeiros motivos para sermos felizes como somos. Se sabemos que o Senhor nos ama *apesar* de nossos defeitos, não teremos penetrado na profundidade de seu Amor misericordioso. O *amor a si mesmo* é muito mais do que *aceitação de si mesmo*. Digamos que uma pessoa com problemas de autoestima seja frequentemente lembrada pelos familiares do quanto a amam; com isso, ela ficará confortada, mas não curada. Enquanto achar que não tem valor, mas que seus familiares são muito complacentes, não resolverá o problema subjacente, que é a baixa autoestima. Esse alguém só ficará curado no dia em que descobrir que o amor que recebe não se deve apenas à benevolência dos outros, mas também a certa bondade sua que o torna atraente e facilita aos outros gostar dele.

Existe algo de amor-próprio no fato de precisar ser amado não só graças à bondade dos outros, mas também ao próprio valor. É uma lei universal. Seria um insulto alguém censurar o outro por ser insuportável, acrescentando que está disposto a ignorar isso porque deseja ser bom para ele. Quanto mais perfeito é o amor que recebemos, mais somos amados como somos. E Deus é quem vai mais longe. Só Ele é plenamente capaz de nos amar não só *apesar* de nossas falhas, mas também *por ocasião* delas e até *graças* a elas. Sabemos por experiência própria que o amor humano não

---

(60) Sándor Márai, *El último encuentro*, Emecé, Barcelona, 1999, p. 120.

é tão altruísta. Talvez possamos amar os defeitos de outras pessoas na medida em que a qualidade de nosso amor aumenta. Há algo de divino, por exemplo, no amor de uma mãe que aparentemente adotou com alegria um filho sem braços. Do mesmo modo, existem deficiências que são fáceis de amar: é fácil sentir compaixão ao ver alguém chorar, ou amar crianças que não escondem sua deficiência. Mas é muito difícil amar continuamente um defeito repulsivo, como o mau humor ou a falta de educação.

O que mais, além de nossa fraqueza, poderia apoiar esse orgulho saudável? Todos temos um mínimo de qualidades, mas isso não é suficiente para garantir nossa autoestima: nosso orgulho ficará insatisfeito até que aprendamos a amar também nossas deficiências. E só podemos amá-las se apresentarem certas vantagens diante do amor da pessoa que mais queremos que nos ame. Na medida em que estabelecemos uma relação recíproca de amor com Cristo, sua predileção pela nossa pequenez nos ajuda a nos reconciliar com ela. Se vivermos de sua estima, nos amaremos a nós mesmos *com* nossos defeitos e até, em certo sentido, *graças* a eles. O que mais atrai seu Amor misericordioso são as necessidades que Ele pode suprir. Portanto, se nos sintonizarmos com seu Coração sofredor e misericordioso, perceberemos o conforto que Ele experimenta cada vez que pedimos perdão e compartilharemos a alegria que lhe proporcionamos. Esse *humilde orgulho de nossa fraqueza* não significa amá-la como tal. Ela é acolhida com alegria porque proporciona ocasiões para fazer o Senhor feliz. Como seguimos repetindo, essa atitude de autoestima humilde é o melhor antídoto para os problemas que derivam do orgulho.

Certos exemplos podem ilustrar a alegria experimentada pelo cristão que reconhece a predileção de Cristo pelos mais fracos. Diante dEle, o fraco se vê como um pobre acionista que possui uma única ação de uma grande empresa, mas se sente forte nas negociações com um magnata que só precisa dela para completar a maioria absoluta das ações; ou, antes, sente-se como o dono de um objeto de pouco valor, como uma *cadeira velha e frágil*, mas pela qual um bilionário que coleciona antiguidades está disposto a pagar grande quantia. É assim que todas as nossas deficiências são reavaliadas diante de Cristo.

Basta abrir qualquer página do Evangelho para verificar a predileção de Cristo pelos *pobres* (no sentido bíblico, *pobre* significa *aquele que não tem*). Ele nos diz que não veio pelos justos, mas pelos pecadores; que há maior alegria no Céu por um pecador que se converte do que por 99 justos; que o Bom Pastor sai em busca das ovelhas perdidas...

Com os santos, aprendemos a viver essa nova lógica estabelecida por Cristo – com Maria acima de tudo. No *Magnificat*, ela atribui à sua pequenez todos os privilégios divinos dos quais fora objeto[61]. Trata-se do mais belo hino de louvor já pronunciado. São Paulo também se maravilhava com essa lógica evangélica ao afirmar que se vangloriava de suas fraquezas[62]. Santa Teresa de Lisieux é, sem dúvida, a santa que mais demonstrou esse orgulho saudável. Parafraseando o hino de louvor de nossa Mãe, dizia: «O Todo-poderoso fez grandes coisas em mim, e o maior é ter me mostrado minha pequenez, minha impotência para todo o bem»[63]. Um último exemplo: Santa Faustina afirma que, «quando uma alma se afunda no

---

(61) Cf. Lc 1, 48.
(62) Cf. 2 Cor 12, 9-10.
(63) Teresa de Lisieux, em Maxence van der Meersch, *Santa Teresita*, p. 141.

abismo de sua miséria, Deus se vale de sua onipotência para exaltá-la»[64].

A lógica da misericórdia experimentada pelos santos ajuda-nos a ver com realismo a *luta pela santidade*. Deixando para trás o devaneio de feitos impossíveis, aventuras e sacrifícios, passamos a nos concentrar nas pequenas ações de cada dia. O realismo da humildade neutraliza as fantasias da vaidade. «Sei por experiência», escreveu Santa Teresinha numa das suas cartas, «que quando não sinto nada, quando não sou capaz de rezar e praticar a virtude, é este o momento de procurar pequenas ocasiões, coisinhas que agradem mais a Jesus do que o domínio do mundo, ou mesmo aquele martírio generosamente suportado. Por exemplo, um sorriso, uma palavra amável, quando gostaria de me calar ou mostrar um semblante zangado, etc. Entendes? Não se trata de esculpir minha coroa, de ganhar méritos, mas de agradar a Jesus...»[65].

A nova lógica evangélica dá origem a *alegres paradoxos*, como a alegria experimentada por muitos idosos e enfermos ao descobrir que, quanto menos valem aos olhos dos homens, mais valem aos olhos de Deus. Algo semelhante se dá na luta interior se nos sintonizamos com o Senhor. Um motivo para amá-lo e amar os outros inspira nossos esforços por melhorar. Todavia, de frente para Ele, de certa forma não nos importamos mais em alcançá-lo ou não, pois o Senhor gosta de nós tanto se lhe damos presentes quanto se permitimos que nos presenteie. Santa Teresinha chegou a afirmar que, se não houvesse em suas quedas algo que ofendesse o Senhor, se deixaria cair para dar a

---

(64) Faustina Kowalska, *Diário*, n. 593.
(65) Teresa de Lisieux, em José Pedro Manglano, *Orar con Teresa de Lisieux*, p. 61.

Ele a alegria de ajudá-la a se levantar. Apliquemos isso a qualquer aspecto de nossa luta diária – por exemplo, o esforço de sorrir diante das adversidades: se, ao fazer a contagem final do dia, percebermos que de dez vezes ganhamos apenas duas, entregaremos primeiro essas duas vitórias ao Senhor e, depois, nos deixaremos ser amados nas oito derrotas. Nessa recíproca relação de amor, tanto Ele quanto nós terminamos o dia com mais oito alegrias. Portanto, se o objetivo final de nossa vida realmente consistisse em agradar ao Senhor, o objetivo principal já estaria assegurado. Quanto mais lutarmos, pois, melhor: teremos mais oportunidades de dar alegrias a Ele.

Esses alegres paradoxos são inúmeros. Acrescento apenas um que os santos nos contam: o que mais leva Deus a nos conceder graças é a pequenez reconhecida com humildade. São Vicente de Paula assim o explica: «Quando renunciamos totalmente à busca de nós mesmos, quando nos lançamos, verdadeiramente convictos de nosso nada, ao coração de Deus e nos abandonamos sem reservas à sua vontade, só assim tomamos consciência de que o Senhor está há muito tempo à nossa porta para nos trazer sua paz, sua luz, suas consolações»[66]. Já mencionamos o soneto em que Lope de Vega questiona por que o Senhor nos ama tanto. Sem dúvida, o Senhor se interessa por todas as possibilidades de nos amar que nossas fraquezas lhe oferecem. Quanto menos queremos brilhar, mais podemos nos exibir. Aquele poeta castelhano dizia em sua oração: «Senhor, perdoa o que sou pelo que amo». Parafraseando essas palavras, cada um poderia acrescentar: «Se eu não sei amar-te, então me ama tu: perdoa o que sou pelo que me deixo amar».

---

(66) Em Wilhelm Hünermann, *El Padre de los pobres. Vida de San Vicente de Paúl*, Palabra, Madri, 1995, p. 209.

Duas condições

Duas são as condições sem as quais o orgulho da própria fraqueza se faz impossível: a *boa vontade* e o *amor recíproco*. Se não combatermos nossos defeitos, nosso amor não será sincero e verdadeiro. Do mesmo modo, seria de pouca utilidade para Cristo amar nossas deficiências se não o amarmos. O Senhor perdoa quando pedimos perdão com sinceridade, mas não nega a culpa. Já vimos que sua misericórdia não é compatível nem com a presunção que facilita a reincidência no pecado, nem com a exigência que ignora as possibilidades reais do pecador[67]. Nesse sentido, o episódio evangélico da mulher adúltera é muito eloquente: o Senhor de bom grado a perdoa, mas lhe pede que não peque mais[68].

Comecemos com a primeira condição: a boa vontade para combater nossos defeitos. Pode-se erroneamente achar que, se o Senhor ama perdoar, pecar perde a importância. Nessa linha, Santa Teresinha temia que seus ensinamentos sobre o Amor misericordioso servissem de desculpa para o *quietismo espiritual*. A uma colega, disse: «Nossa pequena via, se mal compreendida, pode ser considerada quietismo ou iluminismo. [...] Não penses que viver nossa pequena via seja percorrer um caminho de descanso, cheio de doçura e conforto. É o oposto!»[69]. O exemplo dessa santa rebateu definitivamente a influência do jansenismo, heresia que dava demasiada ênfase ao cumprimento rigoroso das obrigações morais. Não se tra-

---

(67) Cf. II, 3.
(68) Cf. Jo 8, 1-11.
(69) Em Marie-Dominique Poinsenet. *Thérèse de Lisieux, témoin de la foi*, p. 362.

tava, contudo, de algo novo. Esse mal-entendido já ocorria no tempo de São Paulo, quando a mensagem de Cristo era uma grande novidade para a mentalidade dos fariseus. Nesse contexto, o apóstolo afirma que não são as obras que salvam, mas a fé, indicando com isso que a confiança no Amor de Deus revelado em Cristo é mais importante do que o cumprimento meticuloso da Lei mosaica. Depois, para deixar claro que não pretende abolir a moral, pergunta-se: «Mas então havemos de pecar, já que não estamos sujeitos à Lei, mas à graça? De modo nenhum»[70]. No fundo, São Paulo nos alerta contra o orgulho que está por trás do moralismo. Para garantir a retidão de intenção na aspiração à santidade, exorta-nos a confiar mais no Amor de Deus do que em nossos méritos[71].

A santa de Lisieux costumava dizer: «Devemos lutar! Lutar até o fim! Mesmo sem esperança de vencer. Mesmo em plena derrota. Até a morte! Lutemos implacavelmente! Mesmo sem esperança de vencer a batalha. Que importa o êxito?»[72]. O Amor misericordioso mitiga o orgulho que exigia vitórias, mas não amaríamos verdadeiramente o Senhor se não nos esforçássemos para lhe trazer alegria mediante pequenas expiações diárias. Sem esse esforço para melhorar, seria como abusar de sua bondade. Cristo ama tudo a nosso respeito, exceto a má vontade ou a falta de boa vontade, independentemente do fato de que, se o reconhecermos e pedirmos perdão, recuperaremos a alegria. O orgulho diminui, mas a ânsia de amar permanece intacta – não só para não ferir o Coração de Jesus com nossa

---

(70) Rm 6, 15.
(71) Cf. II, 1.
(72) Teresa de Lisieux, em Maxence van der Meersch, *Santa Teresita*, p. 133.

mornidão, mas também porque, como vimos ao tratar da corredenção[73], estamos cientes da dor causada pelos tantos pecados que são cometidos todos os dias.

Quanto à segunda condição, o orgulho humilde da própria fraqueza não é viável sem o amor a Cristo. Se Ele nos é indiferente, essa autoestima humilde não é possível. Com efeito, nossas deficiências deixarão de nos incomodar à medida que descobrirmos as vantagens que elas trazem na presença de um Amante misericordioso, mas para assumir com alegria algo negativo é necessário amar Aquele que o ama. Não é que Ele goste da fraqueza como tal; Ele a ama porque sente nossa felicidade como sua e conhece a alegria que sentimos cada vez que nos perdoa e nos ajuda. Enquanto não nos conectarmos com seu Coração agradecido, não experimentaremos aquela consolação que procede de descobrir sua predileção pela nossa pobreza.

Eis um exemplo para ilustrar a importância desse amor recíproco. Coloquemo-nos por um momento na pele de uma pessoa que sofre de um defeito físico que a tortura desde a infância, como o tamanho das orelhas ou a timidez ao falar em público. O complexo cresceu como uma bola de neve, a ponto de representar um sério obstáculo no relacionamento com os outros. Possivelmente o complexo nunca desaparecerá por completo, mas será pelo menos neutralizado quando alguém amar essa pessoa e ela, por sua vez, perceber que a importância que dava ao seu complexo era exagerada. Se você estabelece uma relação de amor recíproco, pode até acontecer que, sob os efeitos subjetivos do gostar ou do se apaixonar, o que é objetivamente negativo acabe se revelando positivo. O amor não alterará a realida-

---

(73) Cf. II, 2.

de do defeito físico, mas o que era um obstáculo intransponível e vergonhoso se tornará fonte de alegria. Cada um de nós poderia colocar diante do Amor de Deus toda uma série de deficiências que nos *tornam complexos*: fraquezas, imperfeições, limitações, feridas do passado, inaptidão, incipiência, incapacidade, miséria, pequenez... Bastaria um sincero exame de consciência para detectar todo esse fundo escuro, o mesmo que se torna fonte de alegria graças ao amor que recebemos do Senhor.

Se nos sintonizarmos com o Coração sofredor e grato de Cristo, nos regozijaremos tanto nas vitórias quanto nas derrotas. Se na luta só nos alegramos quando atingimos nossos objetivos, é sinal de que nos falta retidão de intenção. É lógico que os sucessos são gratificantes, mas há duas razões possíveis para isso: uma boa (a alegria que damos ao Senhor) e a outra má (a vaidade). Se os fracassos nos deixam tristes, é porque Ele não é a principal razão de nos alegrarmos com nossos sucessos. No fundo, é o próprio amor a Deus que nos leva a oferecer-lhe sacrifícios generosos e a permitir-nos ser amados por ocasião de nossos erros. É o orgulho que inspira nossa determinação se nos esforçarmos para dar-lhe alegrias, mas não nos permitirmos ser amados. E, se não tentarmos surpreendê-lo com dons, também não o amaremos de verdade, caso em que também não teremos o grande prazer em receber os seus. Podemos comparar isso a um *abraço*, uma das muitas expressões de afeto mútuo. *Abraçar* e *ser abraçado* se unem num mesmo gesto. Não é possível abraçar alguém que não deseja ser abraçado. Num relacionamento de amor recíproco, não importa qual dos dois toma a iniciativa de dar, pois *receber já é dar*. Ocorre o mesmo no amor a Cristo. Deixamo-nos ser abraçados quando Ele nos perdoa ou nos ajuda; e nós, por outro lado, o abraçamos toda vez que oferecemos algo a Ele. A alegria, em ambos os casos, é compartilhada.

À luz dessas considerações, compreende-se melhor a diferença entre a contrição perfeita e a imperfeita. Na primeira, sofremos com a dor que o Coração de Cristo sente pelos nossos pecados e também compartilhamos sua alegria pelo perdão. Na segunda, prevalece a tristeza porque pedimos perdão enquanto o orgulho nos impede de perdoar a nós mesmos. O amor-próprio deseja apenas vitórias. Por outro lado, é fácil agradar ao Senhor: Ele só espera que nos deixemos ser amados e lhe expressemos nosso amor, esforçando-nos sinceramente para nos aperfeiçoarmos.

Vida de infância espiritual

Santa Teresinha – nome pelo qual ela mesma pediu, antes de morrer, para ser invocada – nos legou uma forma de tratar o Senhor chamada de «infância espiritual». A doutrina dessa Doutora da Igreja trouxe um grande avanço ao campo da espiritualidade cristã. Nos manuais clássicos sobre a humildade, dizia-se que nossa miséria nos ajuda a progredir na vida espiritual porque nos leva a reconhecer a necessidade de sermos perdoados por um Deus que nos ama apesar de nossas deficiências[74]. No entanto, a partir de Santa Teresa do Menino Jesus, uma nova nuance é introduzida: Deus não nos ama apenas *apesar de* nossa fraqueza, mas, de certa forma, também *graças* a ela. O Se-

---

(74) Ver, por exemplo, o clássico livro de Joseph Tissot: *A arte de aproveitar as próprias faltas* (Quadrante, São Paulo, 2015), escrito em meados do século XIX e que reúne os ensinamentos de São Francisco de Sales.

nhor é muito generoso e quer dirigir-se a todos, mas tem predileção pelos mais fracos. Afinal, se estes não param de lutar e reconhecem sua fraqueza, Ele pode voltar-se mais a eles.

São Paulo o intuiu quando o Senhor lhe disse: «É na fraqueza que revela-se minha força»; por isso o apóstolo acrescenta: «Portanto, alegrar-me-ei ainda mais nas minhas fraquezas, para que a força de Cristo habite em mim. Por isso, me comprazo nas fraquezas»[75]. Comentando estas palavras, São Josemaria afirma: «E ao vislumbrarmos em nossa alma o amor, a compaixão, a ternura com que Cristo Jesus nos olha – porque Ele não nos abandona –, compreenderemos em toda a sua profundidade as palavras do Apóstolo: *Virtus in infirmitate perficitur*, a virtude fortifica-se na fraqueza; com fé no Senhor, apesar das nossas misérias – ou melhor, com as nossas misérias –, seremos fiéis ao nosso Pai-Deus»[76]. Portanto, também nós podemos alcançar a santidade, e não só apesar das nossas misérias, mas também contando com elas. Graças a elas, amaremos mais.

É conveniente, pois, que sejamos como crianças que não se surpreendem com a própria fraqueza. Deus nos ajuda a nos comportarmos com força enquanto permanecemos naquela fraqueza que atrai seus dons. O *pequeno* é aquele a quem Ele sempre pode dar. O *grande* é aquele que começa a pensar que pode cuidar de si. Este está perdido: pelo menos, perdido para a santidade. Santa Teresinha demonstrou com sua vida que a *pequena via* é um atalho para esse grande objetivo. Ela nos conta que tinha um caráter

---

(75) 2 Cor 12, 8-10.
(76) Josemaria Escrivá, *Amigos de Deus*, n. 194.

assaz inseguro, mas, quando descobriu a grande vantagem de sua fraqueza, tudo começou a se ampliar: seu espírito, finalmente livre de escrúpulos, se expandiu.

A infância espiritual dá cor ao relacionamento com nosso Deus Pai: leva-nos a imitar a oração simples dos filhos, a confiança ilimitada que depositam nos pais, a espontaneidade e as travessuras que lhes são próprias. Como insiste Santa Teresinha, «ser pequeno [...] é não desanimar ante as próprias faltas. Bem, as crianças *caem com frequência*, mas são muito jovens para se machucar»[77]. Podemos aprender muito observando as crianças. Elas têm, por exemplo, um senso peculiar de justiça. Acostumados a receber tudo de graça, quando o pai lhes dá um doce, pegam um e o oferecem, em demonstração de generosidade. Também fazem travessuras, mas sabem ir ao essencial, como certa vez ouvi de uma menina: «Pedi perdão a Jesus porque às vezes deixo de amá-lo».

Particularmente instrutivo é o comportamento das crianças quando se trata de pedir desculpas. Santa Teresinha relembrava uma dessas cenas: «Veja uma criança que acaba de aborrecer a mãe ao ficar com raiva ou desobedecer a ela. Se for para um canto com ar de mau humor e gritar por medo de ser punida, sua mãe provavelmente não a perdoará por sua falta; mas, se estender os braços para a mãe, sorrindo e dizendo: «Me dê um beijo, não farei isso de novo», sua mãe não a abraçará com ternura e esquecerá suas travessuras infantis...? A mãe sabe muito bem que a filha voltará às travessuras, mas não importa: se a ganhar de novo pelo coração, ela nunca será punida...»[78].

---

(77) Teresa de Lisieux, em Maxence van des Meersch, *Santa Teresita*, pp. 134-135.
(78) *Idem*, em José Pedro Manglano, *Orar con Teresa de Lisieux*, p. 14.

São Josemaria também descreve cenas semelhantes[79]. Ele abriu um caminho para tornar esta vida de infância espiritual acessível aos cristãos comuns que não estão familiarizados com os ambientes conventuais. Suas reflexões se adaptam a todas as mentalidades; são sempre ternas e firmes, ao mesmo tempo. Algumas de suas considerações são memoráveis, como as seguintes: «É preciso convencer-se de que Deus está junto de nós continuamente. – Vivemos como se o Senhor estivesse lá longe, onde brilham as estrelas, e não consideramos que também está sempre ao nosso lado. E está como um Pai amoroso – quer mais a cada um de nós do que todas as mães do mundo podem querer a seus filhos –, ajudando-nos, inspirando-nos, abençoando... e perdoando. Quantas vezes fizemos desanuviar o rosto de nossos pais dizendo-lhes, depois de uma travessura: Não volto a fazer mais! – Talvez naquele mesmo dia tenhamos tornado a cair... – E o nosso pai, com fingida dureza na voz, de cara séria, repreende-nos..., ao mesmo tempo que se enternece o seu coração, conhecedor da nossa fraqueza, pensando: – Pobre criatura, que esforços faz para se portar bem! Necessário é que nos embebamos, que nos saturemos de que Pai e muito Pai nosso é o Senhor que está junto de nós e nos céus»[80].

A vida de infância espiritual nos imuniza contra as atitudes de natureza voluntarista. Ajuda-nos a compreender que a santidade consiste na perfeição do amor, e não em fazer esforços titânicos para compensar a visão negativa que podemos ter de nós mesmos. Em sua oração, São Josemaria chega mesmo a dizer: «Jesus: nunca Te paga-

---

(79) Cf. especialmente *Caminho*, nn. 864, 882, 887, 894 e 896; e *Forja*, nn. 345-347.
(80) Josemaria Escrivá, *Caminho*, n. 267.

rei, ainda que morra de Amor, a graça que tens esbanjado para me tornares pequeno»[81]. Não se trata de lutar menos. Santa Teresa de Lisieux conta que desde os três anos não se lembrava de ter negado nada a Deus. No entanto, saber que era filha pequena e predileta a ajudou a purificar a intenção que inspirava sua luta espiritual. Escreve numa de suas cartas: «Jesus não me ensina a contabilizar minhas ações; ensina-me antes a fazer *tudo* por amor, a não lhe negar nada, a ser feliz quando me dá a oportunidade de lhe provar que o amo. Mas tudo isso é feito com paz, com abandono!»[82].

Ser como crianças consiste sobretudo em abandonar-se nas mãos de Deus; e esse *abandono* significa, em primeiro lugar, uma *atuação amorosa*: deixar-se amar, colocar toda a nossa vida em suas mãos, permitir que Ele faça o que quiser conosco. Do mesmo modo, ser como crianças requer *fé* e *humildade*. Confiar em Deus é não se preocupar com o futuro, é confiar plenamente em sua Providência onipotente e amorosa. Significa também não supervalorizar as próprias forças, não desanimar com os próprios defeitos, pois o Senhor tem predileção por quem reconhece suas incapacidades. Trata-se, pois, de deixar o próprio valor e estima nas mãos do Senhor. «Nunca se pode confiar suficientemente no bom Deus, poderoso e misericordioso como é», diz Santa Teresinha.

Há aqueles que não veem o encanto da infância espiritual porque pensam que se trata de «criancices» e «puerilidades»[83]. Não entendem que «nada disto é ingenuidade,

---

(81) *Ibidem*, n. 901. Observe-se o duplo sentido da palavra *pequeno*.
(82) Em Marie-Dominique Poinsenet, *Thérèse de Lisieux, témoin de la foi*, p. 323.
(83) Cf. Josemaria Escrivá, *Caminho*, n. 854.

mas forte e sólida vida cristã»[84]. Outros a julgam desconfortável porque é difícil para eles admitir o quanto precisam disso. Embora este caminho não possa ser imposto a ninguém, deve-se notar que o Espírito Santo descobre a todas as almas de oração, mais cedo ou mais tarde, a maravilha dessa vida de infância espiritual.

Uma vez que a consciência do Amor divino não elimina completamente o orgulho, a infância espiritual é a melhor maneira de neutralizá-lo. Devemos permanecer alertas, porque às vezes o amor-próprio reina em nós imperceptivelmente. Isso acontece quando, em vez de confiar no Senhor como *crianças* conscientes da própria pequenez, começamos a confiar em nossas próprias forças como *adultos* autossuficientes. É claro que passaremos nossas vidas desempenhando o papel de filho pródigo. Ser como crianças tornará mais fácil para nós viver em estado permanente de conversão. Como ensina João Paulo II, o conhecimento autêntico de Deus «é uma fonte constante e inesgotável de conversão, não só como ato interior momentâneo, mas também como disposição estável, como estado de espírito. Aqueles que o *veem* assim não podem viver exceto convertendo-se a Ele continuamente»[85].

Talvez Deus não nos liberte em definitivo do orgulho para que possamos continuar a ser como crianças. É como se a Redenção fosse imperfeita. São Paulo chegou a esta conclusão: «Para que não me vanglorie, foi pregado um espinho em minha carne, um anjo de Satanás para me esbofetear e me livrar da vaidade. Por isso, implorei três vezes ao Senhor que o tirasse de mim; mas Ele me

---

(84) *Ibidem*, n. 853.
(85) João Paulo II, *Dives in misericordia*, n. 13.

disse: "Basta-te minha graça, porque a força se aperfeiçoa na fraqueza". Portanto, gloriar-me-ei ainda mais nas minhas fraquezas, a fim de que a força de Cristo habite em mim. Por isso é que me comprazo nas fraquezas»[86]. De certa forma, é conveniente para nós que o orgulho não desapareça por completo, pois nos fornece muito material para a luta interior e serve como indicador a nos avisar que estamos nos afastando de Deus. Assim que deixamos de ser como crianças e nos levamos demasiadamente a sério, o orgulho nos faz sentir mal. Perto do Senhor, respiramos *ar puro*; assim que nos separamos dEle, o *ar se torna rarefeito*. Graças a quão mal nos sentimos cada vez que falhamos e lhe damos as costas, sentimos a necessidade de nos refugiar em seus braços misericordiosos, voltamos à sua intimidade e nos enchemos de alegria.

Por último, aprendemos com as crianças a não dar muita importância a nós mesmos. O amor misericordioso nos permite viver a humildade, já na terra, tal como é vivida no céu. Lá, segundo Lewis, «não haverá lugar para a vaidade. A alma ficará livre da miserável ilusão de acreditar que o mérito é seu. Sem a menor mácula do que podemos agora chamar de autocomplacência, ela permanecerá inocentemente feliz por Deus lhe ter dado o ser. Ela curará para sempre seu antigo complexo de inferioridade quando enterrar seu orgulho mais profundamente do que o livro de Próspero»[87].

---

(86) 2 Cor 12, 7-10.
(87) C. S. Lewis, *El diablo propone un brindis*, p. 124.

Epílogo

É consequência lógica concluir este ensaio com uma nota de esperança: viram-se todos os tipos de problemas, mas também que eles encontram solução no Amor de Deus. Muitas experiências compartilhadas durante os últimos vinte anos me permitem vislumbrar perspectivas maravilhosas para aqueles que se abandonam completamente ao amor que Cristo nos revelou. Ao elencar os abundantes frutos que trazem consigo a consciência e a vivência desse Amor, certa virada decisiva na vida de algumas pessoas chamou-me particularmente a atenção. Alguns chegaram a prescindir dos medicamentos de que precisavam havia muitos anos. No entanto, o mais comum é que, em maior ou menor grau, uma qualidade superior de amor seja alcançada como resultado da *melhoria da atitude para consigo mesmo e para com os outros.*

De fato, o Amor de Deus deixa clara a irracionalidade do orgulho. É evidente que já não é preciso agir por motivos ligados à vaidade. Tenta-se melhorar, mas parece ridículo fazê-lo para se afirmar ou para se sentir bem consigo mesmo. Os motivos pelos quais lutar se tornam mais desinteressados, e nisso uma grande liberdade interior é descoberta. Saber que você é tão querido purifica o coração. Seu desejo possessivo desaparece, enquanto o medo de amar os outros é perdido. O afeto recebido é gratificante, mas não é mais tão necessário como antes. O *carinho desprendido* finalmente se torna possível. Antes, a única maneira de evitar o sentimento de posse era amando menos. Agora é possível amar muito e bem. Essa é uma grande descoberta para todas aquelas pessoas que, durante muitos anos, lutaram para conciliar aspectos aparentemente contraditórios: afeto e desprendimento, dependência e independência, força e sensibilidade.

Sentir o Amor de Deus *muda a atitude para com Ele*. As consciências estreitas desaparecem. Borram-se aqueles escrúpulos que tanto faziam sofrer. As práticas de piedade não são mais produto do desejo de estar em dia com o Senhor, mas vêm tratadas de forma diferente. É possível estabelecer uma relação de amizade estreita e recíproca na qual Ele pode dar muito mais, mas se dispõe de algo que o cativa: as deficiências. O apaixonado, apenas diante de um outro que se deixa amar, já se torna muito feliz. Esta poderia ser a luta cotidiana de quem se une ao coração misericordioso e sofredor de Cristo: fazer com que cada humilhação recorde seu olhar misericordioso e cada dor acenda o desejo de retribuir, no que aliviará as feridas de seu Coração; fazer com que cada *orgulho ferido* produza um filho pródigo e cada *coração ferido* se torne oportunidade de redimir com Ele. Como numa espécie de *letra de câmbio*, cada desgosto que lhe é oferecido por amor torna-se fonte de alegria.

Graças ao Amor misericordioso, não há mais humilhações possíveis. Talvez existam do ponto de vista objetivo, mas não subjetivamente: nada nem ninguém pode humilhar quem se sabe filho de Deus. Uma pessoa suscetível fica chateada com qualquer coisa, ao passo que alguém que depende apenas da estima divina pode ter o coração ferido, mas não o orgulho. Uma vez que os escrúpulos humanos são trocados pelos divinos, a única coisa que importa é que os outros se deixem amar. Cultiva-se assim uma autoestima humilde que garante uma inabalável *paz interior*. Vive-se em paz consigo mesmo, com Deus e com os outros. Tem-se a impressão de que a vida e sua constante agitação cessam, como quando se desce uma ladeira de carro e apenas frear de vez em quando é o suficiente. Vive-se descuidadamente como uma criança de três ou quatro anos – mas não mais, porque depois a criança começa a perceber as próprias deficiências e os problemas passam a surgir. Resumindo o aspecto libertador do Amor de Deus, Lewis afirma que ele «nos torna alegremente humildes, sentindo o infinito alívio de termos sido libertados da tola insensatez de nossa dignidade, a qual nos tornara inquietos e miseráveis por toda a vida. Deus está tentando nos humilhar para tornar esse momento possível; está tentando nos despir de todos os adornos e disfarces vãos com que nos adornamos e com os quais andamos como os pequenos tolos que somos. Gostaria de ter ido um pouco além com humildade: se o tivesse feito, provavelmente poderia contar mais sobre o alívio, o conforto que consiste em tirar esse disfarce... [...] Aproxime-se um pouco mais desse alívio, mesmo que seja por um momento e só: ele é como um copo de água doce para um homem no meio do deserto»[1].

---

(1) C. S. Lewis, *Mero cristianismo*, p. 140.

Se a felicidade consiste na alegria e na paz, já se tem aí a metade. A outra, a alegria, pode ir aumentando indefinidamente na medida em que se contribui para a felicidade do Senhor e dos outros. É preciso lutar sem trégua, mas tudo é prenúncio da bem-aventurança celeste.

Termino com a tradução de um texto francês intitulado «Ama-me como és!», que um amigo me enviou. O autor destaca a excelência do Amor de Deus e a importância de nossa correspondência, por mais pobre que seja. As reflexões a que o texto convida podem nos ajudar a completar tudo o que vimos: «Conheço tua miséria, tanto as lutas e atribulações de tua alma como a debilidade de teu corpo enfermo; conheço tua covardia, teus pecados, tuas fraquezas; e ainda assim te digo: "Dá-me teu coração, ama-me como és!". Se for preciso que vires um anjo antes de te abandonares e entregares ao Amor, tu nunca me amarás. Mesmo que frequentemente caias naquelas faltas que nunca gostarias de cometer, mesmo que sejas tão fraco na prática da virtude, eu suporto tudo, menos que não me ames. Em qualquer momento e em qualquer disposição em que te encontres, tanto no fervor quanto na aridez, ama-me como és! Quero o amor de teu coração indigente; sim, se esperares ser perfeito, nunca me amarás. Não poderia eu fazer de cada grão de areia um serafim radiante de pureza, nobreza e amor? Não poderia eu, com um único sinal da minha vontade, fazer emergir do nada milhares de santos mil vezes mais perfeitos e amáveis do que aqueles que criei? Não sou o *Todo-poderoso*? E se quisesse deixar esses seres maravilhosos para sempre e preferisse teu pobre amor ao deles? Meu filho, deixa-me que te ame. Dá-me teu coração. Certamente pretendo ajudar-te a melhorar, mas, por enquanto, amo-te do jeito que és. Amo até a fraqueza que há em ti. O amor dos pobres me agrada;

quero que este grito se eleve continuamente da pobreza: "Senhor, eu te amo". Para que quero tua ciência e teus talentos? Eu te poderia ter designado para grandes empresas; mas, não, serás o servo inútil. Só peço que ames! O amor te fará alcançar tudo o mais sem perceberes; apenas busca preencher o momento presente com amor; busca cumprir por amor cada um dos teus pequenos deveres».

O texto chega ao fim com um apelo urgente: «Hoje apareço como um mendigo à porta do teu coração – eu, o Senhor dos senhores. Bato e espero: apressa-te em abrir, não alegues que és miserável, não me digas que não és digno. Se conhecesses plenamente tua miséria, morreria de dor. A única coisa que machucaria meu coração seria ver-te duvidar ou faltar com a confiança. Dar-te-ei um amor muito mais perfeito do que jamais sonhaste. Mas lembra-te: *ama-me como és!*».

Que não nos falte o recurso à Virgem Maria. Depois de um pecado, talvez a soberba nos faça perder de vista a face misericordiosa do Senhor. No entanto, é difícil não ousarmos recorrer à nossa Mãe, porque Ela sempre nos sorri – e, como afirma Bento XVI, «este sorriso, verdadeiro reflexo da ternura de Deus, é fonte de esperança inabalável»[2]. Depois do Coração de Jesus, o Coração de Maria é o reflexo mais fiel do Amor divino. Quão perto de nós está *o rosto maternalmente misericordioso* de Deus Pai!

---

(2) Bento XVI, Homilia de 15 de setembro de 2008, no Santuário de Lourdes.

Direção geral
Renata Ferlin Sugai

Direção editorial
Hugo Langone

Produção editorial
Gabriela Haeitmann
José Pedro Moraes

Revisão
Juliana Amato

Capa
Larissa Carvalho

Diagramação
Sérgio Ramalho

ESTE LIVRO ACABOU DE SE IMPRIMIR
A 15 DE AGOSTO DE 2022,
EM PAPEL PÓLEN NATURAL 70 g/m².